Réinventez votre carrière avec l'IA

Guide des nouvelles opportunités professionnelles
Guide N°3

COLLECTION
L'IA pour tous : s'adapter ou disparaitre ?
La collection de guides de référence
pour comprendre et utiliser l'IA

E. RIVIER & M. MUNDEL

Mentions Légales

Titre du livre : Réinventez votre carrière avec l'IA
Auteur : Emmanuel RIVIER
Autrice : Michèle MUNDEL

Code ISBN : 9798311733915
Marque éditoriale : Independant published

Chère lectrice, cher lecteur,

Bienvenue dans cette collection de guides sur l'IA :

"L'IA pour tous : s'adapter ou disparaître ?
La collection de guides de référence pour comprendre et utiliser l'IA".

Cette série de guides est conçue pour vous accompagner pas à pas dans la découverte et l'adoption de l'intelligence artificielle (IA) dans divers aspects de votre vie quotidienne et professionnelle.

L'IA est devenue une composante incontournable de notre société, transformant nos modes de vie, de travail et d'apprentissage. Ce qui relevait hier de la science-fiction est aujourd'hui une réalité quotidienne. Par exemple, les véhicules autonomes, autrefois imaginés dans des œuvres de fiction, circulent désormais sur les routes de certains pays, comme en Chine ou aux États-Unis.

Cependant, face à cette révolution technologique rapide, il est naturel de se sentir dépassé ou hésitant. C'est pourquoi nous avons élaboré ces guides pratiques, clairs et accessibles, afin de démystifier l'IA et de vous fournir les clés pour comprendre et intégrer ces technologies dans votre quotidien. Conscients de la rapidité des évolutions dans ce domaine, cette collection sera régulièrement mise à jour afin d'intégrer les dernières nouveautés et découvertes.

Cette collection comprend les guides suivants :

DÉJÀ PARU SUR AMAZON

Découvrir et maîtriser l'IA (l'intelligence artificielle)
Guide des outils IA pour débutants Guide N°1

L'IA dans les entreprises
Le guide des solutions concrètes et abordables pour les PME
Guide N°2

Réinventez votre carrière avec l'IA
Le guide des nouvelles opportunités professionnelles
Guide N°3

BIENTÔT DISPONIBLES SUR AMAZON

Travaillez moins, réussissez mieux avec l'IA
Le guide des secrets d'une productivité augmentée

Libérez votre créativité avec l'IA
Le guide essentiel des nouveaux outils créatifs

Réinventez l'apprentissage avec l'IA
Le guide pratique pour parents et enseignants

Boostez vos ventes avec l'IA
Le guide des nouvelles stratégies marketing qui cartonnent

Prenez soin de vous avec l'IA
Le guide de votre coach santé personnel

Protégez-vous à l'ère numérique de l'IA
Le guide essentiel de cybersécurité pour tous

L'IA responsable
Le guide pour une utilisation éthique et durable

Voyagez intelligemment avec l'IA

Le guide pour optimiser vos trajets quotidiens grâce aux technologies intelligentes

L'IA dans la finance
Le guide pour optimiser vos finances personnelles avec des outils intelligents

Chaque guide aborde un thème spécifique, avec des explications simples, des exemples concrets et des conseils pratiques. Notre objectif est de rendre l'IA compréhensible et utile pour tous, indépendamment de votre niveau de connaissance technique.

En parcourant cette collection, vous découvrirez comment l'IA peut simplifier votre vie, booster votre carrière, protéger vos données ou encore enrichir votre créativité. Nous espérons que ces guides vous inspireront et vous aideront à naviguer sereinement dans cette nouvelle ère numérique.

Alors, l'intelligence artificielle va-t-elle modifier votre vie quotidienne ?

TABLE DES MATIERES

Introduction

Bienvenue dans "**Réinventez votre carrière avec l'IA : Guide des nouvelles opportunités professionnelles**".

Si vous cherchez à comprendre les fondamentaux de l'intelligence artificielle, nous vous invitons à consulter notre guide N°1 : "Découvrir et maîtriser l'IA". Le présent ouvrage se concentre sur l'application pratique de l'IA pour dynamiser votre parcours professionnel.

L'intelligence artificielle n'est plus un concept futuriste, c'est une réalité qui transforme profondément le monde du travail. **Chaque jour, de nouveaux modèles d'IA voient le jour, offrant des possibilités inédites pour augmenter notre productivité, stimuler notre créativité et ouvrir de nouvelles perspectives de carrière.** L'IA s'impose comme un véritable accélérateur de carrière, capable de propulser votre parcours professionnel vers de nouveaux sommets.

Dans ce paysage en constante évolution, **l'adaptabilité devient la compétence clé**. Les professionnels qui sauront tirer parti de l'IA et s'adapter rapidement aux nouvelles technologies seront les mieux positionnés pour réussir. **Ce guide vous fournira les outils et les connaissances nécessaires pour naviguer dans ce nouvel environnement avec confiance.**

Nous explorerons ensemble comment intégrer l'IA dans votre quotidien professionnel, que vous soyez un employé cherchant à améliorer ses performances, un freelance souhaitant élargir son offre de services, ou un entrepreneur en devenir à la recherche de nouvelles opportunités. **Vous découvrirez des outils d'IA pratiques et accessibles, ainsi que des stratégies concrètes pour les utiliser efficacement dans votre domaine.**

Ce guide vous aidera également à développer les compétences essentielles en IA, sans nécessairement devenir un expert technique. Vous apprendrez à vous tenir informé des dernières avancées et à expérimenter avec les nouveaux modèles d'IA, tout en gardant une longueur d'avance sur le marché du travail.

Nous explorerons les nouvelles opportunités de carrière créées par l'IA, des métiers émergents aux façons innovantes d'adapter votre expertise actuelle. Vous découvrirez comment des professionnels de divers horizons ont réussi à réinventer leur carrière grâce à l'IA, et comment vous pouvez suivre leur exemple.

Tout au long de ce guide, nous mettrons l'accent sur des solutions pratiques et des conseils concrets que vous pourrez mettre en œuvre immédiatement. Nous aborderons également les défis éthiques et pratiques liés à l'utilisation de l'IA au travail, vous donnant les clés pour naviguer dans ces eaux parfois troubles avec intégrité et efficacité.

Que vous soyez en début de carrière, en pleine ascension professionnelle ou en quête de reconversion, ce guide vous aidera à tirer parti de la puissance de l'IA pour propulser votre carrière vers de nouveaux horizons. Préparez-vous à explorer un monde de possibilités où votre créativité et votre expertise, amplifiées par l'IA, vous ouvriront des portes que vous n'auriez jamais imaginées.

Embarquez avec nous dans ce voyage passionnant au cœur de la révolution de l'IA dans le monde du travail. **Le futur de votre carrière commence ici et maintenant**.

Chapitre 1 : Panorama des outils d'IA pour booster votre carrière

L'intelligence artificielle offre aujourd'hui une multitude d'outils capables de transformer radicalement notre façon de travailler. **Ce chapitre vous présente un aperçu des solutions d'IA les plus pertinentes pour améliorer votre productivité et enrichir vos compétences professionnelles.** Nous commencerons par explorer les assistants IA polyvalents, avant de nous pencher sur des outils plus spécialisés et de vous guider dans le choix des solutions les plus adaptées à votre métier.

Les assistants IA polyvalents

Les assistants IA polyvalents représentent la nouvelle frontière de la productivité professionnelle. **Ces outils, dotés de capacités impressionnantes en traitement du langage naturel, peuvent vous assister dans une multitude de tâches, de la rédaction à l'analyse de données en passant par la résolution de problèmes complexes.** Examinons en détail les assistants les plus performants et leurs applications concrètes dans le monde professionnel.

ChatGPT

Développé par OpenAI, ChatGPT est devenu en peu de temps **l'un des assistants IA les plus populaires au monde.** Sa polyvalence en fait un outil précieux pour de nombreux professionnels.

Capacités principales :

- Rédaction et révision de textes

- Génération d'idées créatives

- Explication de concepts complexes

- Aide à la résolution de problèmes

- Traduction entre de nombreuses langues

Applications professionnelles :

1. *Marketing* : ChatGPT peut vous aider à générer des idées de contenu, rédiger des ébauches d'articles de blog, ou créer des slogans publicitaires accrocheurs.

2. *Service client* : Utilisez-le pour préparer des réponses types aux questions fréquentes des clients, en les adaptant ensuite à chaque situation spécifique.

3. *Recherche et développement* : ChatGPT peut vous aider à explorer de nouvelles idées, à synthétiser des informations provenant de diverses sources, ou à formuler des hypothèses de recherche.

4. *Formation* : Créez des supports de formation, des quiz, ou des explications simplifiées de concepts complexes pour vos collègues ou employés.

Conseils d'utilisation :

- Soyez précis dans vos requêtes. Plus vous fournissez de contexte et de détails, plus les réponses seront pertinentes.

- N'hésitez pas à demander des clarifications ou des reformulations si la première réponse ne vous satisfait pas pleinement.

- Utilisez ChatGPT comme point de départ pour vos idées, mais assurez-vous toujours de vérifier et d'affiner le contenu généré.

Claude

Créé par Anthropic, Claude se distingue par sa **capacité à traiter des tâches plus complexes** et à maintenir une conversation plus cohérente sur le long terme.

Points forts :

- Analyse de données approfondies
- Programmation et débogage de code
- Rédaction technique et scientifique
- Aide à la prise de décision basée sur des scénarios complexes

Applications professionnelles :

1. *Analyse financière* : Claude peut vous aider à interpréter des données financières complexes, à identifier des tendances et à formuler des recommandations basées sur ces analyses.

2. *Développement logiciel* : Utilisez Claude pour générer des snippets de code, déboguer des programmes existants ou expliquer des concepts de programmation complexes.

3. *Rédaction scientifique* : Claude excelle dans la synthèse d'informations techniques et peut vous aider à structurer et à rédiger des articles scientifiques ou des rapports techniques.

4. *Stratégie d'entreprise* : Exploitez les capacités de Claude pour analyser des scénarios commerciaux complexes et évaluer différentes options stratégiques.

Conseils d'utilisation :

- Profitez de la capacité de Claude à gérer des conversations longues et complexes. N'hésitez pas à lui poser des questions de suivi ou à lui demander d'approfondir certains points.

- Pour les tâches techniques ou scientifiques, fournissez autant de contexte que possible pour obtenir des réponses plus précises et pertinentes.

- Utilisez Claude comme un collaborateur virtuel pour stimuler votre réflexion et explorer de nouvelles idées, tout en gardant un œil critique sur les résultats.

Copilot

Intégré à la suite Microsoft 365, Copilot est conçu pour s'intégrer harmonieusement dans votre flux de travail quotidien, en particulier si vous utilisez régulièrement les outils Microsoft.

Fonctionnalités clés :

- Résumé automatique de réunions et d'e-mails
- Génération de présentations PowerPoint
- Analyse de données dans Excel
- Rédaction et formatage de documents Word
- Assistance dans la gestion de projets avec Microsoft Project

Applications professionnelles :

1. *Gestion de projet* : Copilot peut vous aider à créer des plans de projet, à générer des rapports d'avancement et à identifier les risques potentiels.

2. *Analyse de données* : Dans Excel, Copilot peut vous assister dans la création de formules complexes, la génération de graphiques pertinents et l'interprétation des tendances.

3. *Présentations* : Utilisez Copilot pour créer rapidement des ébauches de présentations PowerPoint basées sur vos notes ou documents existants.

4. *Communication interne* : Copilot peut vous aider à rédiger des e-mails professionnels, à résumer des conversations longues et à préparer des comptes-rendus de réunion.

Conseils d'utilisation :

- Exploitez l'intégration de Copilot avec vos documents existants. Il peut analyser et s'appuyer sur le contenu que vous avez déjà créé.

- Utilisez Copilot pour automatiser les tâches répétitives, comme la mise en forme de documents ou la création de tableaux de bord dans Excel.

- N'oubliez pas que Copilot est un outil d'assistance. Vérifiez toujours les résultats et apportez votre touche personnelle au contenu généré.

Mistral

Développé par la startup française Mistral AI, cet assistant se distingue par sa performance et son approche éthique de l'IA.

Caractéristiques principales :

- Modèle de langage multilingue performant

- Capacité à traiter des tâches complexes avec une grande précision

- Forte emphase sur la confidentialité et l'éthique

Applications professionnelles :

1. *Analyse de marché* : Mistral peut vous aider à analyser des tendances de marché, à interpréter des données concurrentielles et à générer des insights stratégiques.

2. *Localisation de contenu* : Profitez de ses capacités multilingues pour adapter votre contenu à différents marchés internationaux.

3. *Recherche et veille technologique* : Utilisez Mistral pour synthétiser des informations provenant de multiples sources et identifier les tendances émergentes dans votre secteur.

4. *Développement de produits* : Exploitez ses capacités d'analyse pour générer des idées de nouveaux produits ou services basées sur les données du marché.

Conseils d'utilisation :

- Tirez parti de l'approche éthique de Mistral, particulièrement utile pour les projets nécessitant un haut niveau de confidentialité ou traitant de données sensibles.

- Exploitez ses capacités multilingues pour des projets internationaux ou des communications avec des partenaires étrangers.

- Utilisez Mistral comme un outil d'aide à la décision, en lui demandant d'analyser différents scénarios ou options stratégiques.

Perplexity

Perplexity se distingue par son approche orientée recherche et sa capacité à fournir des réponses basées sur des sources d'information actualisées.

Fonctionnalités clés :

- Recherche d'informations en temps réel

- Capacité à citer ses sources

- Interface conversationnelle intuitive

- Génération de contenu basé sur des informations à jour

Applications professionnelles :

1. *Veille concurrentielle* : Utilisez Perplexity pour suivre les dernières actualités et développements de vos concurrents ou de votre secteur d'activité.

2. *Recherche de marché* : Obtenez rapidement des informations actualisées sur les tendances de consommation, les nouvelles technologies ou les réglementations émergentes.

3. *Préparation de présentations* : Perplexity peut vous aider à rassembler des données récentes et pertinentes pour vos présentations ou rapports.

4. *Développement de produits* : Utilisez-le pour explorer les dernières innovations dans votre domaine et identifier de nouvelles opportunités de développement.

Conseils d'utilisation :

- Profitez de la capacité de Perplexity à fournir des informations à jour. C'est particulièrement utile dans les domaines où l'actualité évolue rapidement.

- Utilisez la fonction de citation des sources pour vérifier la fiabilité des informations et approfondir certains sujets si nécessaire.

- Combinez Perplexity avec d'autres assistants IA pour une approche plus complète : utilisez-le pour la recherche initiale, puis approfondissez avec ChatGPT ou Claude.

Stratégies pour tirer le meilleur parti des assistants IA polyvalents :

1. Intégration dans votre flux de travail :

- Identifiez les tâches répétitives ou chronophages dans votre travail quotidien et voyez comment les assistants IA peuvent les optimiser.

- Créez des prompts ou des requêtes types pour les tâches que vous effectuez régulièrement.

2. Amélioration continue :

- Expérimentez avec différents assistants pour trouver celui qui convient le mieux à vos besoins spécifiques.

- Tenez-vous informé des mises à jour et des nouvelles fonctionnalités de ces outils, car ils évoluent rapidement.

3. Collaboration homme-machine :

- Utilisez les assistants IA comme des outils de brainstorming pour stimuler votre créativité et explorer de nouvelles idées.

- Combinez votre expertise humaine avec les capacités de traitement de l'IA pour obtenir les meilleurs résultats.

4. Éthique et confidentialité :

- Soyez conscient des limites de ces outils en termes de confidentialité. Évitez de partager des informations sensibles ou confidentielles.

- Vérifiez toujours les résultats générés par l'IA, en particulier pour les tâches critiques ou les communications importantes.

5. Formation et adaptation :

- Investissez du temps pour apprendre à formuler des requêtes efficaces pour chaque assistant.

- Formez vos collègues à l'utilisation de ces outils pour améliorer la productivité globale de votre équipe.

En conclusion, les assistants IA polyvalents offrent un potentiel immense pour augmenter votre productivité et stimuler votre créativité professionnelle. **En comprenant les forces et les particularités de chaque outil, et en les intégrant judicieusement dans votre flux de travail, vous pouvez considérablement améliorer votre efficacité et votre capacité à innover dans votre domaine. N'oubliez pas que ces assistants sont là pour vous épauler, non pour vous remplacer.** Votre expertise, votre jugement et votre créativité restent essentiels pour tirer le meilleur parti de ces outils puissants.

Outils d'IA spécialisés par domaine (marketing, finance, RH, etc.)

Alors que les assistants IA polyvalents offrent une large gamme de fonctionnalités, **les outils spécialisés par domaine apportent une expertise ciblée et des fonctionnalités avancées pour répondre aux besoins spécifiques de chaque secteur.** Tous ne vous seront pas forcément utiles en fonction du secteur économique dans lequel vous travaillez, mais il est toujours bon d'avoir une vue d'ensemble des possibilités. Examinons les principaux outils d'IA qui révolutionnent différents domaines professionnels en 2025.

Marketing et vente

Le marketing est l'un des domaines où l'IA a le plus d'impact, transformant la manière dont les entreprises interagissent avec leurs clients et optimisent leurs campagnes.

MarketMuse

MarketMuse est un outil puissant pour les entreprises qui produisent de gros volumes de contenus. Il utilise l'IA pour :

- Prioriser les sujets ayant le plus d'impact en fonction du secteur et des opportunités SEO

- Analyser le contenu des concurrents pour identifier les opportunités manquantes

- Générer des stratégies de contenu à grande échelle

MarketMuse est particulièrement utile pour les équipes marketing cherchant à optimiser leur stratégie de contenu et à se démarquer dans un paysage numérique saturé.

NeuralText

NeuralText se concentre sur l'optimisation SEO et le copywriting efficace. Ses principales fonctionnalités incluent :

- La rédaction de textes optimisés pour le référencement naturel

- La création de contenu pour les pages de vente, les descriptions de produits et les campagnes publicitaires

- Des templates pour différents formats (publicités Google, email marketing, etc.)

Cet outil est idéal pour les marketeurs cherchant à créer du contenu qui convertit tout en étant bien positionné sur les moteurs de recherche.

Optimove

Optimove utilise l'IA pour analyser le comportement des clients et prédire leurs besoins futurs. Ses fonctionnalités clés comprennent :

- La segmentation d'audience avancée

- L'automatisation des campagnes multicanales

- La création de parcours client personnalisés
- L'optimisation des stratégies marketing en quasi-temps réel

Optimove est particulièrement utile pour les entreprises cherchant à mettre en place des campagnes hyper-personnalisées et à améliorer l'expérience client.

Finance et comptabilité

L'IA transforme rapidement le secteur financier, offrant des outils puissants pour l'analyse de données, la gestion des risques et l'automatisation des processus.

AlphaSense

AlphaSense est une plateforme de recherche et d'intelligence économique qui offre :

- Une vaste bibliothèque de contenu comprenant plus de 300 millions de documents
- Une technologie propriétaire d'IA et de NLP pour extraire des informations à partir de rapports financiers et de documents d'entreprise
- Des insights stratégiques pour les professionnels de la finance

Cet outil est particulièrement utile pour les analystes financiers et les gestionnaires de portefeuille cherchant à obtenir rapidement des informations pertinentes sur les entreprises et les marchés.

Planful

Planful est une plateforme complète de planification financière qui propose :

- Des outils d'IA pour créer des modèles financiers
- Des calculs et des prévisions automatisés

- Des analyses intégrées avec des informations exploitables

- Des prévisions continues qui prennent en compte les nouvelles données

Planful est idéal pour les équipes financières cherchant à améliorer leur processus de planification stratégique et à prendre des décisions basées sur des données en temps réel.

DataRails

DataRails est un outil financier qui se concentre sur l'automatisation et l'analyse de données. Ses principales fonctionnalités incluent :

- L'automatisation des processus financiers

- L'intégration de toutes les sources et intégrations financières en une seule source

- Des réponses aux questions sur divers cas et requêtes "et si"

- Une connexion aux données en temps réel pour des décisions précises

DataRails est particulièrement utile pour les équipes financières cherchant à optimiser leurs processus et à obtenir des insights rapides à partir de leurs données.

Ressources Humaines

L'IA révolutionne également la gestion des ressources humaines, offrant des outils pour améliorer le recrutement, la formation et l'engagement des employés.

Effy AI

Effy AI est un outil d'évaluation des performances et de feedback à 360 degrés piloté par l'IA. Ses principales fonctionnalités comprennent :

- Des outils d'aide à l'évaluation des performances
- Des résumés d'examen produits par l'IA à partir des réponses
- Des questionnaires d'évaluation multiples
- Une structure de menu de navigation personnalisée en fonction des rôles

Effy AI est particulièrement utile pour les entreprises qui commencent à mettre en place des processus de révision ou qui effectuent des révisions de manière irrégulière.

Leena AI

Leena AI est une plateforme conversationnelle dotée de capacités d'IA qui offre :

- Une résolution rapide des problèmes des employés
- Des réponses immédiates aux questions des employés
- Une rationalisation des processus RH quotidiens
- Un système d'engagement des employés basé sur des enquêtes périodiques conversationnelles

Leena AI est idéale pour les entreprises cherchant à améliorer l'expérience employé et à obtenir des insights en temps réel sur l'engagement de leur personnel.

UKG Pro

UKG Pro utilise l'IA et des analyses prédictives pour aider les entreprises dans leurs décisions stratégiques en matière de personnel. Ses fonctionnalités clés incluent :

- Des indicateurs clés de performance (KPI) instantanés
- Des rapports sur les effectifs sur mesure
- Des analyses intégrées avec des informations exploitables

- Une amélioration de la visualisation des données

UKG Pro est particulièrement utile pour les grandes entreprises cherchant à obtenir une vue d'ensemble de leurs effectifs et à prendre des décisions basées sur des données.

Éducation

L'IA transforme également le secteur de l'éducation, offrant des outils pour personnaliser l'apprentissage et améliorer l'engagement des étudiants.

Century Tech

Century Tech est connu pour son apprentissage adaptatif. Ses principales fonctionnalités comprennent :

- La création de parcours d'apprentissage personnalisés

- L'évaluation continue des forces et des faiblesses de chaque élève

- L'adaptation du contenu au rythme d'apprentissage de l'étudiant

Century Tech est particulièrement utile pour les établissements d'enseignement cherchant à offrir une expérience d'apprentissage plus personnalisée à leurs étudiants.

Querium

Querium se concentre sur le tutorat scientifique, offrant :

- Un soutien personnalisé pour la compréhension des concepts complexes en sciences

- Des explications détaillées et des exercices pratiques

- Un suivi des progrès de l'étudiant

Querium est idéal pour les étudiants en sciences cherchant une aide supplémentaire ou pour les enseignants souhaitant offrir un soutien personnalisé à leurs élèves.

Smart Sparrow

Smart Sparrow supporte l'instruction personnalisée en proposant :

- Des cours interactifs et adaptatifs

- Des outils d'analyse pour suivre les progrès des étudiants

- La possibilité pour les enseignants de créer et de personnaliser du contenu éducatif

Smart Sparrow est particulièrement utile pour les établissements d'enseignement supérieur cherchant à offrir des cours en ligne engageants et personnalisés.

Santé

L'IA joue un rôle croissant dans le domaine de la santé, offrant des outils pour améliorer le diagnostic, le traitement et la gestion des soins.

PulseLifeAI

PulseLifeAI est un outil d'aide à la décision médicale qui offre :

- Des réponses instantanées et précises aux questions sur les symptômes, les diagnostics et les traitements

- Des recommandations basées sur des directives médicales officielles

- Un accès aux sources pour vérification

PulseLifeAI est particulièrement utile pour les médecins cherchant une assistance rapide et fiable dans leur pratique quotidienne.

Niramai Health Analytix

Niramai utilise l'imagerie thermique et l'IA pour faciliter le dépistage précoce du cancer du sein. Ses principales caractéristiques incluent :

- Une méthode non invasive et portable

- Une amélioration de l'accès aux soins, en particulier dans les zones rurales

- Une détection précoce plus précise des anomalies mammaires

Niramai est particulièrement utile pour les établissements de santé cherchant à améliorer leurs programmes de dépistage du cancer du sein.

Wysa

Wysa est un chatbot conversationnel offrant un soutien en santé mentale. Ses fonctionnalités clés comprennent :

- L'utilisation de techniques de thérapie cognitivo-comportementale (TCC)

- Une disponibilité 24h/24

- Un accès facile et anonyme à un soutien émotionnel

Wysa est particulièrement utile pour les personnes cherchant un soutien en santé mentale accessible et discret.

Logistique et Supply Chain

L'IA transforme également la gestion de la chaîne d'approvisionnement et la logistique, offrant des outils pour optimiser les opérations et améliorer l'efficacité.

Inetum Software

Inetum Software propose des solutions ERP spécialisées pour la logistique. Ses principales fonctionnalités incluent :

- La centralisation des données logistiques
- L'optimisation des ressources de stockage, de transport et de main-d'œuvre
- La réduction des silos organisationnels

Inetum Software est particulièrement utile pour les entreprises cherchant à améliorer leur gestion globale de la chaîne d'approvisionnement.

Outils d'analyse prédictive

Bien que non spécifiquement nommés, plusieurs outils d'analyse prédictive sont mentionnés comme essentiels pour la logistique en 2025. Ces outils offrent :

- Des prévisions précises des besoins
- L'ajustement automatique des stocks
- L'optimisation des flux logistiques

Ces outils sont particulièrement utiles pour les entreprises cherchant à anticiper les pics de demande et à optimiser leur gestion des stocks.

Solutions de traçabilité basées sur la blockchain

Des solutions de traçabilité utilisant la technologie blockchain sont également mentionnées comme importantes pour 2025. Ces outils offrent :

- Un suivi en temps réel des produits
- Une visibilité totale sur le parcours des produits
- Une amélioration de la conformité réglementaire

Ces solutions sont particulièrement utiles pour les entreprises des secteurs de l'agroalimentaire ou de la santé, où la traçabilité est cruciale.

En conclusion, ces outils d'IA spécialisés par domaine offrent des fonctionnalités avancées et ciblées qui répondent aux besoins spécifiques de chaque secteur. Que ce soit pour le marketing, la finance, les ressources humaines, l'éducation, la santé ou la logistique, l'IA apporte des solutions innovantes qui transforment les pratiques professionnelles. En 2025, l'adoption de ces outils sera cruciale pour les entreprises cherchant à rester compétitives et à optimiser leurs opérations dans un environnement de plus en plus numérique et axé sur les données.

Comment choisir les bons outils pour votre métier

Dans un paysage technologique en constante évolution, choisir les bons outils d'IA pour votre métier peut sembler une tâche ardue. **Voici un guide étape par étape pour vous aider à faire les meilleurs choix, ainsi que des considérations importantes à prendre en compte.**

Évaluez vos besoins spécifiques

La première étape cruciale est d'identifier précisément vos besoins professionnels :

1. **Analysez vos processus actuels** :

    - Listez vos tâches quotidiennes, hebdomadaires et mensuelles.

    - Identifiez les goulots d'étranglement et les inefficacités.

    - Repérez les tâches répétitives qui pourraient être automatisées.

2. **Définissez vos objectifs** :

    - Que cherchez-vous à améliorer ? (productivité, précision, créativité, etc.)

    - Quels sont vos objectifs à court, moyen et long terme ?

3. **Évaluez vos ressources** :

- Quel est votre budget pour les outils d'IA ?

- Quelles sont les compétences techniques de votre équipe ?

- Disposez-vous de l'infrastructure nécessaire (matériel, logiciel, réseau) ?

Recherchez et comparez les outils disponibles

Une fois vos besoins identifiés, il est temps d'explorer les options disponibles :

1. **Effectuez une veille technologique** :

- Suivez les blogs et forums spécialisés dans votre domaine.

- Participez à des webinaires et conférences sur l'IA.

- Consultez les rapports d'analystes du secteur (Gartner, Forrester, etc.).

2. **Demandez des recommandations** :

- Échangez avec des collègues et des pairs de votre industrie.

- Rejoignez des groupes professionnels sur les réseaux sociaux pour obtenir des retours d'expérience.

3. **Comparez les fonctionnalités** :

- Créez un tableau comparatif des outils potentiels.

- Évaluez chaque outil en fonction de vos besoins spécifiques.

- Accordez une attention particulière aux fonctionnalités uniques qui pourraient vous donner un avantage concurrentiel.

Évaluez la compatibilité et l'intégration

L'outil d'IA le plus puissant ne sera pas utile s'il ne s'intègre pas harmonieusement à votre écosystème existant :

1. **Vérifiez la compatibilité technique** :

   - L'outil est-il compatible avec vos systèmes d'exploitation et vos appareils ?

   - Peut-il s'intégrer à vos logiciels et outils existants ?

2. **Évaluez la facilité d'intégration** :

   - L'outil propose-t-il des API ou des connecteurs pour une intégration facile ?

   - Quel niveau d'expertise technique est nécessaire pour l'intégration ?

3. **Considérez l'évolutivité** :

   - L'outil peut-il évoluer avec votre entreprise ?

   - Offre-t-il différents niveaux de service pour s'adapter à vos besoins changeants ?

Testez avant d'acheter

La plupart des outils d'IA proposent des versions d'essai. Profitez-en pour évaluer leur pertinence :

1. **Utilisez des versions d'essai** :

   - Testez l'outil dans des conditions réelles de travail.

- Impliquez les utilisateurs finaux dans le processus de test.

2. **Évaluez la courbe d'apprentissage** :

    - L'outil est-il intuitif et facile à utiliser ?

    - Quel est le temps nécessaire pour former votre équipe à son utilisation ?

3. **Mesurez l'impact** :

    - Définissez des métriques clés (KPI) pour évaluer l'efficacité de l'outil.

    - Comparez les résultats avant et après l'utilisation de l'outil.

Considérez le support et la formation

Un bon support peut faire toute la différence dans l'adoption et l'utilisation efficace d'un outil d'IA :

1. **Évaluez les options de support** :

    - L'éditeur propose-t-il un support technique 24/7 ?

    - Existe-t-il une communauté d'utilisateurs active pour l'entraide ?

2. **Examinez les ressources de formation** :

    - L'éditeur offre-t-il des tutoriels, des webinaires ou des certifications ?

    - Y a-t-il une documentation complète et à jour ?

3. **Vérifiez la fréquence des mises à jour** :

    - L'outil est-il régulièrement mis à jour avec de nouvelles fonctionnalités ?

- Comment les mises à jour sont-elles gérées et communiquées ?

Évaluez la sécurité et la conformité

La sécurité des données et la conformité réglementaire sont cruciales, surtout lorsqu'il s'agit d'outils d'IA :

1. **Vérifiez les certifications de sécurité** :

   - L'outil est-il conforme aux normes de sécurité de votre industrie (ISO 27001, SOC 2, etc.) ?

   - Comment les données sont-elles chiffrées et protégées ?

2. **Examinez les politiques de confidentialité** :

   - Comment l'éditeur utilise-t-il vos données ?

   - Avez-vous le contrôle total sur vos données ?

3. **Assurez-vous de la conformité réglementaire** :

   - L'outil est-il conforme aux réglementations spécifiques à votre secteur (RGPD, HIPAA, etc.) ?

   - Comment l'éditeur gère-t-il les changements réglementaires ?

Considérez le coût total de possession

Le prix affiché n'est souvent qu'une partie du coût total :

1. **Évaluez tous les coûts** :

   - Coûts de licence ou d'abonnement

   - Coûts d'intégration et de personnalisation

   - Coûts de formation et de support

- Coûts potentiels de mise à niveau du matériel ou de l'infrastructure

2. **Calculez le retour sur investissement (ROI)** :

   - Estimez les gains de productivité ou les économies réalisées.

   - Comparez ces gains au coût total sur plusieurs années.

3. **Examinez les modèles de tarification** :

   - Le modèle de tarification est-il flexible et adapté à vos besoins ?

   - Y a-t-il des options pour augmenter ou réduire l'utilisation selon vos besoins ?

Anticipez l'avenir

L'IA évolue rapidement. Choisissez un outil qui pourra s'adapter aux changements futurs :

1. **Évaluez la vision à long terme de l'éditeur** :

   - Quelle est la feuille de route du produit ?

   - L'éditeur investit-il dans la R&D pour rester à la pointe ?

2. **Considérez l'adaptabilité de l'outil** :

   - L'outil peut-il s'adapter à de nouvelles technologies ou méthodologies ?

   - Est-il suffisamment flexible pour évoluer avec votre entreprise ?

3. **Préparez-vous aux disruptions potentielles** :

   - Comment l'outil pourrait-il affecter vos processus actuels ?

- Votre équipe est-elle prête à adopter de nouvelles façons de travailler ?

Exemples concrets de choix d'outils par secteur

Pour illustrer ce processus, voici quelques exemples de choix d'outils dans différents secteurs :

1. **Marketing digital** :

   - Besoin identifié : Améliorer la personnalisation des campagnes email

   - Outil choisi : Optimove

   - Raisons : Capacités avancées de segmentation, automatisation des campagnes multicanales, et optimisation en temps réel

2. **Finance** :

   - Besoin identifié : Améliorer l'analyse des rapports financiers

   - Outil choisi : AlphaSense

   - Raisons : Vaste bibliothèque de documents, technologie NLP avancée, et capacité à extraire des insights stratégiques

3. **Ressources Humaines** :

   - Besoin identifié : Améliorer l'engagement des employés

   - Outil choisi : Leena AI

   - Raisons : Plateforme conversationnelle intuitive, résolution rapide des problèmes des employés, et système d'enquêtes périodiques

4. **Santé** :

- Besoin identifié : Améliorer le dépistage précoce du cancer du sein

- Outil choisi : Niramai Health Analytix

- Raisons : Méthode non invasive, portable, et plus précise pour la détection précoce

Conclusion

Choisir les bons outils d'IA pour votre métier est un processus qui demande une réflexion approfondie et une évaluation minutieuse. En suivant ces étapes et en prenant en compte ces considérations, vous serez mieux équipé pour faire un choix éclairé qui répondra à vos besoins spécifiques et vous donnera un avantage concurrentiel.

N'oubliez pas que l'adoption d'un nouvel outil d'IA est un processus continu. Restez ouvert aux retours de votre équipe, surveillez les performances de l'outil, et n'hésitez pas à réévaluer vos choix au fil du temps pour vous assurer que vous utilisez toujours les meilleures solutions disponibles pour votre métier.

Conclusion de ce chapitre

L'exploration des outils d'IA, qu'ils soient polyvalents ou spécialisés, révèle un paysage technologique en constante évolution, offrant des opportunités sans précédent pour transformer nos méthodes de travail. De ChatGPT à Niramai Health Analytix, en passant par MarketMuse et Leena AI, ces innovations repoussent les limites de ce qui est possible dans chaque domaine professionnel.

Choisir les bons outils pour votre métier n'est pas une tâche à prendre à la légère. Cela nécessite une compréhension approfondie de vos besoins spécifiques, une évaluation minutieuse des options disponibles, et une réflexion sur l'intégration de ces outils dans votre flux de travail existant. Les signes d'un bon outil - de l'adéquation avec vos besoins à la sécurité et la conformité, en passant par la facilité d'utilisation et le retour sur investissement - sont autant de critères à prendre en compte dans votre processus de sélection.

Cependant, il est crucial de garder à l'esprit que l'adoption d'outils d'IA n'est pas une fin en soi, mais plutôt un moyen d'augmenter vos capacités et d'optimiser votre travail. **L'objectif ultime est d'utiliser ces outils pour libérer votre potentiel créatif, améliorer votre prise de décision, et vous concentrer sur les aspects de votre travail qui nécessitent véritablement l'intelligence et l'expertise humaines.**

Dans le prochain chapitre, "Intégrer l'IA dans votre quotidien professionnel", nous explorerons des stratégies pratiques pour incorporer ces outils dans vos tâches quotidiennes, maximiser leur impact, et naviguer les défis potentiels de cette intégration. Préparez-vous à découvrir comment l'IA peut véritablement transformer votre façon de travailler, jour après jour.

Chapitre 2 : Intégrer l'IA dans votre quotidien professionnel

L'intelligence artificielle n'est plus un concept futuriste réservé aux laboratoires de recherche ou aux grandes entreprises technologiques. Aujourd'hui, elle s'invite dans notre quotidien professionnel, offrant des opportunités inédites pour transformer nos méthodes de travail et booster notre productivité. **Ce chapitre vous guidera à travers les étapes concrètes pour intégrer l'IA dans votre routine professionnelle, quelle que soit votre industrie ou votre fonction.**

Nous commencerons par explorer comment **l'IA peut automatiser les tâches répétitives** qui consomment une part importante de votre temps et de votre énergie. Vous découvrirez comment libérer votre agenda de ces tâches chronophages pour vous concentrer sur des activités à plus forte valeur ajoutée, stimulant ainsi votre créativité et votre efficacité.

Ensuite, nous nous pencherons sur l'utilisation de **l'IA comme outil d'aide à la décision**. Vous apprendrez comment exploiter la puissance de l'analyse prédictive et du machine learning pour prendre des décisions plus éclairées, basées sur des données concrètes plutôt que sur de simples intuitions.

Enfin, nous explorerons une série de **cas pratiques d'utilisation de l'IA** dans différents secteurs. Ces exemples concrets vous montreront comment des professionnels de divers horizons tirent parti de l'IA pour innover, résoudre des problèmes complexes et gagner en compétitivité.

Préparez-vous à découvrir comment l'IA peut non seulement simplifier vos tâches, mais aussi amplifier vos compétences et ouvrir de nouvelles perspectives dans votre carrière.

Automatiser les tâches répétitives avec l'IA

L'un des avantages les plus immédiats et tangibles de l'intégration de l'IA dans votre quotidien professionnel est sa capacité à automatiser les tâches répétitives. Ces tâches, souvent chronophages et peu stimulantes, peuvent être confiées à des systèmes d'IA, libérant ainsi votre temps et votre énergie pour des activités à plus forte valeur ajoutée.

Examinons concrètement comment l'IA peut transformer différents aspects de votre travail quotidien.

1. Gestion des e-mails et de la communication

    L'IA peut révolutionner votre gestion des e-mails de plusieurs façons :

- *Tri et catégorisation automatiques* : Des outils comme Gmail utilisent l'IA pour trier automatiquement vos e-mails en catégories (principal, promotions, réseaux sociaux), réduisant ainsi le temps passé à naviguer dans votre boîte de réception.
- *Réponses suggérées* : L'IA peut analyser le contenu d'un e-mail et suggérer des réponses courtes et appropriées, vous permettant de répondre rapidement aux messages simples.
- *Planification de réunions* : Des assistants IA comme x.ai ou Clara peuvent gérer la planification de vos réunions en communiquant directement avec les participants pour trouver le meilleur créneau horaire.

- *Filtrage du spam* : Les algorithmes d'IA sont de plus en plus efficaces pour identifier et filtrer les e-mails indésirables, gardant votre boîte de réception propre et organisée.

2. Saisie et traitement de données

   L'automatisation de la saisie et du traitement des données peut considérablement réduire les erreurs et le temps consacré à ces tâches :

- *Reconnaissance optique de caractères (OCR)* : Des outils d'IA comme ABBYY FineReader ou Adobe Acrobat DC peuvent convertir des documents papier ou des images en texte éditable, éliminant le besoin de ressaisie manuelle.
- *Extraction de données* : Des plateformes comme Rossum ou Hypatos utilisent l'IA pour extraire automatiquement les informations pertinentes des factures, reçus et autres documents, les intégrant directement dans vos systèmes.
- *Nettoyage et validation des données* : Des outils comme Trifacta ou Talend Data Preparation utilisent l'IA pour nettoyer, standardiser et valider automatiquement les données, réduisant considérablement le temps passé à préparer les données pour l'analyse.

3. Gestion de projet et suivi des tâches

   L'IA peut simplifier la gestion de projet et le suivi des tâches de plusieurs manières :

- *Priorisation intelligente* : Des outils comme Asana ou Monday.com intègrent des fonctionnalités d'IA pour suggérer automatiquement la priorisation des tâches en fonction de leur importance et des échéances.
- *Estimation du temps* : L'IA peut analyser les données historiques pour fournir des estimations plus précises du

temps nécessaire pour accomplir certaines tâches, améliorant ainsi la planification du projet.

- *Allocation des ressources* : Des algorithmes d'IA peuvent suggérer la meilleure allocation des ressources en fonction des compétences de l'équipe et de la charge de travail actuelle.

4. Service client et support

L'automatisation du service client peut améliorer considérablement l'efficacité et la satisfaction des clients :

- *Chatbots* : Des assistants virtuels alimentés par l'IA, comme ceux proposés par Intercom ou Zendesk, peuvent gérer les demandes de base des clients 24/7, réduisant la charge de travail de votre équipe de support.
- *Routage intelligent des tickets* : L'IA peut analyser le contenu des demandes de support et les router automatiquement vers l'agent le plus approprié, réduisant les temps de réponse.
- *Analyse des sentiments* : Des outils d'IA peuvent analyser le ton et le contenu des interactions avec les clients pour identifier les problèmes potentiels avant qu'ils ne s'aggravent.

5. Gestion des ressources humaines

L'IA peut automatiser de nombreux aspects de la gestion des ressources humaines :

- *Présélection des CV* : Des outils comme Ideal ou Pymetrics utilisent l'IA pour analyser les CV et présélectionner les candidats les plus prometteurs, réduisant considérablement le temps passé à examiner les candidatures.
- *Planification des horaires* : L'IA peut optimiser la planification des horaires en tenant compte des

préférences des employés, des compétences requises et des réglementations du travail.

- *Onboarding* : Des chatbots IA peuvent guider les nouveaux employés à travers le processus d'intégration, répondant à leurs questions et les dirigeant vers les ressources appropriées.

6. Analyse financière et comptabilité

L'automatisation des tâches financières peut améliorer la précision et réduire les risques d'erreur :

- *Réconciliation bancaire* : Des outils comme BlackLine ou Trintech utilisent l'IA pour automatiser le processus de réconciliation bancaire, identifiant et résolvant automatiquement les écarts.
- *Détection des fraudes* : Les algorithmes d'IA peuvent analyser les transactions pour détecter des schémas inhabituels ou suspects, alertant rapidement les équipes financières des risques potentiels.
- *Prévisions financières* : L'IA peut analyser les données historiques et les tendances du marché pour générer des prévisions financières plus précises, aidant à la planification budgétaire.

7. Marketing et analyse des médias sociaux

L'IA peut automatiser de nombreuses tâches de marketing et d'analyse des médias sociaux :

- *Curation de contenu* : Des outils comme Curata ou Scoop.it utilisent l'IA pour trouver et suggérer du contenu pertinent à partager sur vos canaux de médias sociaux.
- *Planification des publications* : L'IA peut analyser les données d'engagement passées pour suggérer les meilleurs moments pour publier du contenu sur différentes plateformes.

- *Analyse des sentiments* : Des outils d'IA peuvent analyser les mentions de votre marque sur les médias sociaux pour évaluer le sentiment général et identifier les problèmes potentiels.

8. Recherche et veille concurrentielle

L'IA peut considérablement simplifier le processus de recherche et de veille concurrentielle :

- *Agrégation de nouvelles* : Des outils comme Feedly ou Owler utilisent l'IA pour agréger et filtrer les nouvelles pertinentes pour votre industrie ou vos concurrents.
- *Analyse des tendances* : L'IA peut analyser de grandes quantités de données pour identifier les tendances émergentes dans votre secteur, vous aidant à rester en avance sur la concurrence.
- *Surveillance des brevets* : Des outils d'IA peuvent surveiller les dépôts de brevets dans votre domaine, vous alertant des innovations potentielles de vos concurrents.

Mise en œuvre de l'automatisation par l'IA

Pour tirer le meilleur parti de l'automatisation par l'IA, suivez ces étapes :

1. *Identifiez les tâches répétitives* : Commencez par dresser une liste de toutes les tâches répétitives que vous effectuez régulièrement. Évaluez le temps que vous passez sur chacune d'elles.
2. *Recherchez des solutions d'IA* : Pour chaque tâche identifiée, recherchez des outils d'IA existants qui pourraient l'automatiser. N'hésitez pas à demander des démonstrations ou à essayer des versions d'essai.
3. *Évaluez le retour sur investissement* : Calculez le temps que vous pourriez économiser en automatisant chaque tâche et comparez-le au coût et au temps nécessaire pour mettre en place et maintenir la solution d'IA.

4. *Commencez petit* : Choisissez une ou deux tâches à automatiser pour commencer. Cela vous permettra de vous familiariser avec le processus et d'évaluer l'impact réel sur votre productivité.
5. *Formez votre équipe* : Assurez-vous que tous les membres de votre équipe comprennent comment utiliser les nouveaux outils d'IA et pourquoi ils sont mis en place.
6. *Surveillez et ajustez* : Suivez de près les performances des outils d'IA que vous avez mis en place. Ajustez-les si nécessaire et soyez prêt à essayer d'autres solutions si les résultats ne sont pas à la hauteur de vos attentes.
7. *Restez informé* : Le domaine de l'IA évolue rapidement. Restez à l'affût des nouvelles solutions qui pourraient encore améliorer votre productivité.

Conclusion

L'automatisation des tâches répétitives grâce à l'IA offre un potentiel énorme pour améliorer votre productivité et votre efficacité au travail. En confiant ces tâches chronophages à des systèmes d'IA, vous pouvez libérer du temps et de l'énergie pour vous concentrer sur des activités à plus forte valeur ajoutée, comme la réflexion stratégique, la créativité et l'innovation.

Cependant, il est important de se rappeler que **l'objectif de l'automatisation n'est pas de remplacer les travailleurs humains.** L'IA devrait être vue comme un outil pour améliorer vos capacités, vous permettant de travailler de manière plus intelligente et plus efficace.

En adoptant une approche réfléchie et stratégique de l'automatisation par l'IA, vous pouvez transformer votre façon de travailler, réduire le stress lié aux tâches répétitives et ouvrir de nouvelles possibilités pour votre développement professionnel et celui de votre entreprise.

Utiliser l'IA pour améliorer votre prise de décision

L'intelligence artificielle (IA) offre des opportunités sans précédent pour améliorer la prise de décision dans divers domaines professionnels. **Voici des exemples concrets montrant comment différentes catégories de professionnels peuvent tirer parti de l'IA pour optimiser leur travail, gagner du temps et potentiellement accélérer leur progression de carrière.**

1. Commerciaux et responsables des ventes

   Exemple : Priorisation des leads et personnalisation des offresIA recommandées :

   a) Salesforce Einstein
   b) Zoho CRM

   Avantages de Salesforce Einstein :
   - Intégration parfaite avec l'écosystème Salesforce
   - Analyses prédictives puissantes pour scorer les leads

   Inconvénients :
   - Coût élevé
   - Complexité de mise en place et d'utilisation

   Avantages de Zoho CRM avec IA :
   - Plus abordable
   - Interface utilisateur intuitive

   Inconvénients :
   - Fonctionnalités moins avancées que Salesforce
   - Écosystème plus limité

   Mise en œuvre :

1. Importez vos données clients existantes dans le CRM choisi
2. Configurez les paramètres d'IA selon vos critères de vente
3. Formez votre équipe à l'utilisation de l'outil
4. Suivez régulièrement les performances et ajustez les paramètres

Résultats potentiels :

- Augmentation du taux de conversion de 20-30%
- Réduction du temps de prospection de 40%
- Possibilité d'atteindre plus facilement les objectifs de vente, menant à des primes ou promotions

2. Professionnels du marketing

Exemple : Optimisation des campagnes publicitairesIA recommandées :

a) Google Ads Smart Bidding
b) Albert.ai

Avantages de Google Ads Smart Bidding :
- Intégration native avec Google Ads
- Optimisation en temps réel des enchères

Inconvénients :

- Limité à la plateforme Google Ads
- Manque de transparence dans certaines décisions

Avantages d'Albert.ai :
- Gestion multi-plateforme (Google, Facebook, Instagram, etc.)
- Optimisation autonome des campagnes

Inconvénients :

- Coût élevé
- Courbe d'apprentissage initiale

Mise en œuvre :

1. Définissez clairement vos objectifs de campagne
2. Intégrez l'IA choisie à vos plateformes publicitaires
3. Fournissez des données historiques pour l'apprentissage initial
4. Surveillez les performances et ajustez les paramètres si nécessaire

Résultats potentiels :

- Amélioration du ROI publicitaire de 30-50%
- Réduction du temps consacré à la gestion des campagnes de 60%
- Possibilité de gérer des budgets plus importants, menant à des opportunités de carrière accrues

3. Ressources humaines

   Exemple : Automatisation du tri des CVIA recommandées :

   a) Ideal
   b) Eightfold AI

Avantages d'Ideal :

- Intégration facile avec les ATS existants
- Réduction des biais dans le recrutement

Inconvénients :

- Peut nécessiter un ajustement des processus de recrutement existants
- Coût élevé pour les petites entreprises

Avantages d'Eightfold AI :

- Plateforme complète de gestion des talents
- Capacités avancées de correspondance des compétences

Inconvénients :

- Mise en place complexe
- Peut être perçu comme trop automatisé par certains candidats

Mise en œuvre :

1. Choisissez l'outil le plus adapté à la taille de votre entreprise
2. Intégrez-le à votre ATS ou SIRH existant
3. Formez l'IA avec vos critères de recrutement spécifiques
4. Surveillez et affinez régulièrement les résultats

Résultats potentiels :

- Réduction du temps de tri des CV de 75%
- Amélioration de la qualité des candidats présélectionnés de 35%
- Possibilité de gérer plus de recrutements, menant à une reconnaissance accrue au sein de l'entreprise

4. Entrepreneurs et freelances

Exemple : Automatisation de la prospection clientIA recommandées :

  a) Exceed.ai

b) Drift

Avantages d'Exceed.ai :

- Automatisation complète du processus de prospection
- Intégration avec les principaux CRM

Inconvénients :

- Coût élevé pour les petites structures
- Nécessite un volume important de leads pour être efficace

Avantages de Drift :

- Chatbots conversationnels puissants
- Fonctionnalités de marketing conversationnel

Inconvénients :

- Principalement axé sur le marketing entrant
- Peut nécessiter une refonte du site web

Mise en œuvre :

1. Définissez votre processus de prospection idéal
2. Configurez l'IA avec vos scripts de vente et critères de qualification
3. Intégrez l'outil à votre site web et/ou CRM
4. Surveillez les conversations et affinez les réponses de l'IA

Résultats potentiels :

- Augmentation du nombre de leads qualifiés de 50%
- Réduction du temps consacré à la prospection de 70%

- Possibilité de se concentrer sur le développement de l'entreprise, menant à une croissance plus rapide

5. Professionnels de la finance et comptabilité

Exemple : Automatisation de la réconciliation bancaireIA recommandées :

a) BlackLine
b) Sage Intelligent Time

Avantages de BlackLine :

- Automatisation complète du processus de réconciliation
- Intégration avec de nombreux systèmes financiers

Inconvénients :

- Coût élevé
- Mise en place complexe pour les grandes organisations

Avantages de Sage Intelligent Time :

- Interface utilisateur intuitive
- Bon rapport qualité-prix pour les PME

Inconvénients :

- Fonctionnalités moins avancées que BlackLine
- Intégrations plus limitées

Mise en œuvre :

1. Évaluez vos besoins spécifiques en matière de réconciliation
2. Intégrez l'outil choisi à votre système comptable
3. Formez l'IA avec vos règles de réconciliation
4. Surveillez les résultats et ajustez si nécessaire

Résultats potentiels :

- Réduction du temps de réconciliation de 80%
- Diminution des erreurs de 95%
- Possibilité de se concentrer sur l'analyse financière stratégique, menant à un rôle plus important dans la prise de décision de l'entreprise

6. Managers et chefs d'équipe

   Exemple : Planification de projets et allocation des ressourcesIA recommandées :

   a) Forecast
   b) Clarizen One

   Avantages de Forecast :

- IA puissante pour l'estimation des tâches et l'allocation des ressources
- Interface utilisateur moderne et intuitive

   Inconvénients :

- Peut être complexe pour les petites équipes
- Nécessite un engagement important pour tirer pleinement parti de l'IA

   Avantages de Clarizen One :

- Fonctionnalités complètes de gestion de portefeuille de projets
- Bonnes capacités de reporting et d'analyse

   Inconvénients :

- Interface utilisateur moins moderne
- Courbe d'apprentissage importante

Mise en œuvre :

1. Importez vos données de projets et de ressources existantes
2. Configurez l'IA avec vos critères de planification et d'allocation
3. Formez votre équipe à l'utilisation de l'outil
4. Surveillez les performances des projets et ajustez les paramètres de l'IA

Résultats potentiels :

- Amélioration de la précision des estimations de projet de 40%
- Augmentation de l'utilisation des ressources de 25%
- Possibilité de gérer des projets plus importants ou plus nombreux, menant à des opportunités de promotion

7. Professeurs ou formateurs

Exemple : Personnalisation des parcours d'apprentissage ; IA recommandées :

a) Century Tech
b) Knewton

Avantages de Century Tech :

- Algorithmes d'apprentissage adaptatif avancés
- Interface conviviale pour les enseignants et les élèves

Inconvénients :

- Principalement axé sur l'enseignement primaire et secondaire
- Peut nécessiter une refonte des programmes existants

Avantages de Knewton :

- Plateforme ouverte adaptable à divers types de contenus
- Bonnes capacités d'analyse de l'apprentissage

Inconvénients :

- Mise en place plus complexe
- Nécessite un volume important de contenu pour être efficace

Mise en œuvre :

1. Numérisez votre contenu pédagogique
2. Configurez l'IA avec vos objectifs d'apprentissage
3. Formez les enseignants et les élèves à l'utilisation de la plateforme
4. Surveillez les progrès des élèves et ajustez le contenu si nécessaire

Résultats potentiels :

- Amélioration des résultats des élèves de 30%
- Réduction du temps de préparation des cours de 50%
- Possibilité de se concentrer sur un accompagnement plus personnalisé, menant à une meilleure reconnaissance professionnelle

8. Professionnels de la santé

   Exemple : Analyse rapide des données cliniquesIA recommandées :

   a) IBM Watson Health
   b) Google Health AI

   Avantages d'IBM Watson Health :

- Capacités avancées d'analyse de données médicales
- Large base de connaissances médicales

Inconvénients :

- Coût élevé
- Complexité de mise en œuvre

Avantages de Google Health AI :

- Intégration facile avec les systèmes existants
- Capacités d'apprentissage continu

Inconvénients :

- Moins spécialisé que Watson Health
- Préoccupations potentielles concernant la confidentialité des données

Mise en œuvre :

1. Évaluez vos besoins spécifiques en analyse de données cliniques
2. Intégrez l'IA choisie à vos systèmes d'information médicale
3. Formez le personnel médical à l'utilisation de l'outil
4. Surveillez les résultats et affinez les algorithmes si nécessaire

Résultats potentiels :

- Réduction du temps de diagnostic de 40%
- Amélioration de la précision des diagnostics de 25%
- Possibilité de traiter plus de patients ou de se spécialiser davantage, menant à une progression de carrière accélérée

9. Créateurs de contenu (écrivains, graphistes, vidéastes)

Exemple : Génération d'idées créatives et automatisation du montage vidéoIA recommandées :

a) Jasper (anciennement Jarvis) pour la génération de contenu
b) Runway ML pour l'édition vidéo

Avantages de Jasper :

- Génération de contenu de haute qualité dans divers formats
- Interface utilisateur intuitive

Inconvénients :

- Nécessite une supervision humaine pour garantir la cohérence
- Peut produire du contenu générique sans direction appropriée

Avantages de Runway ML :

- Outils d'édition vidéo basés sur l'IA puissants
- Capacités avancées d'effets visuels

Inconvénients :

- Courbe d'apprentissage importante
- Nécessite un matériel puissant pour certaines fonctionnalités

Mise en œuvre :

1. Définissez vos besoins créatifs spécifiques
2. Configurez l'IA avec vos préférences stylistiques
3. Expérimentez avec différents prompts et paramètres
4. Intégrez les résultats de l'IA dans votre flux de travail créatif

Résultats potentiels :

- Augmentation de la production de contenu de 100%
- Réduction du temps d'édition vidéo de 60%
- Possibilité de prendre en charge des projets plus importants ou plus nombreux, menant à une reconnaissance accrue dans l'industrie

10. Logisticiens et gestionnaires de supply chain

Exemple : Optimisation des itinéraires de livraison et prévision des besoins en stockIA recommandées :

a) Blue Yonder (anciennement JDA Software)
b) Llamasoft

Avantages de Blue Yonder :

- Suite complète de solutions pour la supply chain
- Capacités avancées d'optimisation et de prévision

Inconvénients :

- Coût élevé
- Mise en œuvre complexe pour les grandes organisations

Avantages de Llamasoft :

- Outils puissants de modélisation et de simulation
- Bonne flexibilité pour s'adapter à différents scénarios

Inconvénients :

- Nécessite une expertise importante pour une utilisation optimale
- Peut être surdimensionné pour les petites entreprises

Mise en œuvre :

1. Évaluez vos besoins spécifiques en optimisation de la supply chain
2. Intégrez l'IA choisie à vos systèmes de gestion existants
3. Formez votre équipe à l'utilisation de l'outil
4. Surveillez les performances et ajustez les paramètres de l'IA

Résultats potentiels :

- Réduction des coûts de transport de 15%
- Amélioration de la précision des prévisions de stock de 30%
- Possibilité de gérer des chaînes d'approvisionnement plus complexes, menant à des opportunités de carrière accrues

11. Secrétaires de direction

Exemple : Gestion intelligente des e-mails et du calendrierIA recommandées :

a) X.ai
b) Calendly avec intégration IA

Avantages de X.ai :

- Assistant virtuel de planification très avancé
- Capacité à gérer des échanges complexes par e-mail

Inconvénients :

- Coût relativement élevé
- Peut nécessiter une période d'adaptation pour les interlocuteurs

Avantages de Calendly avec intégration IA :

- Interface simple et intuitive

- Bonne intégration avec les calendriers existants

Inconvénients :

- Fonctionnalités d'IA moins avancées que X.ai
- Moins flexible pour les scénarios de planification complexes

Mise en œuvre :

1. Choisissez l'outil le plus adapté à vos besoins de planification
2. Intégrez-le à votre système de messagerie et de calendrier
3. Configurez les préférences de planification du dirigeant
4. Formez l'IA avec les habitudes et préférences spécifiques
5. Surveillez les performances et ajustez les paramètres si nécessaire

Résultats potentiels :

- Réduction du temps consacré à la gestion des e-mails et du calendrier de 70%
- Amélioration de l'efficacité des réunions grâce à une meilleure planification
- Possibilité de se concentrer sur des tâches à plus haute valeur ajoutée, menant à un rôle plus stratégique au sein de l'entreprise

Conclusion

L'intégration de l'IA dans ces différents domaines professionnels offre des opportunités significatives pour améliorer l'efficacité, la productivité et la qualité du travail. Voici quelques points clés à retenir :

1. *Choix de l'outil* : Il est crucial de sélectionner l'outil d'IA le plus adapté à vos besoins spécifiques. Prenez en compte non seulement les fonctionnalités, mais aussi la facilité d'intégration avec vos systèmes existants et le coût total de possession.
2. *Formation et adaptation* : L'adoption de l'IA nécessite souvent une période d'apprentissage et d'adaptation. Prévoyez du temps pour la formation et soyez patient pendant la phase initiale de mise en œuvre.
3. *Surveillance et ajustement* : Les performances de l'IA s'améliorent généralement avec le temps et l'utilisation. Il est important de surveiller régulièrement les résultats et d'ajuster les paramètres si nécessaire.
4. *Équilibre homme-machine* : L'IA est un outil puissant, mais elle ne remplace pas le jugement humain. Utilisez-la pour augmenter vos capacités plutôt que pour les remplacer.
5. *Évolution du rôle* : L'adoption de l'IA peut souvent conduire à une évolution de votre rôle vers des tâches plus stratégiques et à plus forte valeur ajoutée. Soyez prêt à embrasser ces changements et à développer de nouvelles compétences.
6. *Éthique et confidentialité* : Assurez-vous que l'utilisation de l'IA dans votre travail respecte les normes éthiques et les réglementations en matière de confidentialité des données.

En intégrant judicieusement l'IA dans votre travail quotidien, vous pouvez non seulement améliorer votre efficacité et vos performances, mais aussi ouvrir de nouvelles opportunités de carrière. Que vous soyez commercial, marketeur, professionnel des RH, entrepreneur, financier, manager, enseignant, professionnel de santé, créateur de contenu, logisticien ou secrétaire de direction, l'IA offre des outils puissants pour transformer votre façon de travailler et d'exceller dans votre domaine.

N'oubliez pas que l'adoption de l'IA est un processus continu. Restez curieux, continuez à apprendre et à expérimenter avec de nouveaux outils et techniques. En embrassant le potentiel de l'IA tout en développant vos compétences uniques, vous vous positionnerez comme un professionnel de valeur dans un monde du travail en constante évolution.

Cas pratiques d'utilisation de l'IA dans différents secteurs

Pour mieux comprendre comment l'IA transforme concrètement le quotidien professionnel, nous avons interviewé plusieurs personnes dans différentes entreprises. Leurs témoignages illustrent les bénéfices tangibles de l'IA dans divers secteurs.

Santé : L'IA au service du diagnostic précoce

Sarah, radiologue dans un grand hôpital parisien, nous parle de son expérience avec l'IA de détection du cancer du sein :

"Depuis que nous utilisons l'IA de Therapixel pour analyser les mammographies, notre efficacité a considérablement augmenté. L'IA nous aide à repérer des anomalies que nous aurions pu manquer, surtout lors des longues journées de lecture. Ce qui me plaît le plus, c'est que je peux consacrer plus de temps à l'interaction avec mes patients. **L'IA ne remplace pas mon expertise, elle la complète.** Je me sens plus confiante dans mes diagnostics et je sais que nous détectons les cancers plus tôt, ce qui peut vraiment faire la différence pour nos patients."

Avantages clés :

- Détection précoce améliorée

- Réduction de la fatigue visuelle
- Plus de temps pour l'interaction patient-médecin

Agriculture : L'IA pour une agriculture de précision

Jean-Pierre, viticulteur dans le Bordelais, nous explique comment l'IA a révolutionné sa façon de travailler :

"Avec le système d'IA de Telespazio, nous surveillons nos vignes comme jamais auparavant. L'IA analyse les images satellites et nous alerte en cas de stress hydrique ou de maladie. Cela nous permet d'intervenir de manière ciblée et rapide. **Nous avons réduit notre utilisation de pesticides de 30% et notre consommation d'eau de 20%.** Non seulement c'est bon pour l'environnement, mais ça améliore aussi la qualité de nos raisins. Je suis fier de produire un vin plus durable et de meilleure qualité grâce à cette technologie."

Avantages clés :

- Réduction de l'utilisation des pesticides et de l'eau
- Intervention rapide et ciblée
- Amélioration de la qualité du produit

Industrie automobile : L'IA pour une production plus efficace

Marie, ingénieure chez Renault, partage son expérience avec l'IA dans la chaîne de production :

"L'introduction de l'IA de Siemens dans notre usine a vraiment changé la donne. Le système prédit les pannes avant qu'elles ne se produisent, ce qui nous permet de planifier la maintenance de manière proactive. Nos temps d'arrêt ont diminué de 25%, et la qualité globale de notre production s'est améliorée. **Personnellement, je trouve mon travail beaucoup plus intéressant maintenant.** Au lieu de courir après les problèmes, je peux me concentrer sur l'optimisation de nos processus. C'est gratifiant de voir comment la technologie nous aide à être plus efficaces et durables."

Avantages clés :

- Réduction des temps d'arrêt
- Amélioration de la qualité de production
- Travail plus stratégique pour les employés

Commerce de détail : L'IA pour une expérience client personnalisée

Sophie, responsable marketing chez un grand distributeur, nous raconte comment l'IA a transformé leur approche client :

"Depuis que nous avons intégré l'IA de Datatrics dans notre stratégie marketing, c'est comme si nous connaissions personnellement chacun de nos clients. **L'IA analyse le comportement d'achat et nous permet de faire des recommandations ultra-personnalisées. Nos ventes en ligne ont augmenté de 35%, et le taux de satisfaction client a bondi de 28%.** Ce qui me plaît le plus, c'est de voir à quel point nos clients apprécient cette approche sur mesure. Je me sens vraiment utile en créant des expériences d'achat qui correspondent exactement à ce que nos clients recherchent."

Avantages clés :

- Augmentation significative des ventes
- Amélioration de la satisfaction client

- Marketing plus ciblé et efficace

Services financiers : L'IA pour une détection de fraude plus efficace

Alexandre, analyste en sécurité financière dans une grande banque, partage son expérience avec l'IA de détection de fraude :

"L'adoption de l'IA de Feedzai a complètement changé notre approche de la détection de fraude. Le système analyse des millions de transactions en temps réel et repère des schémas suspects que nous n'aurions jamais pu détecter manuellement. **Nous avons réduit les faux positifs de 60%, ce qui signifie moins de désagréments pour nos clients légitimes.** Personnellement, je trouve mon travail beaucoup plus stimulant. Au lieu de passer des heures à examiner des alertes sans intérêt, je peux me concentrer sur les cas vraiment complexes qui nécessitent une expertise humaine. C'est gratifiant de savoir que nous protégeons mieux nos clients tout en rendant leur expérience bancaire plus fluide."

Avantages clés :

- Détection de fraude plus précise
- Réduction des faux positifs
- Travail plus stimulant pour les analystes

Éducation : L'IA pour un apprentissage personnalisé

Nathalie, enseignante dans un lycée, nous explique comment l'IA a transformé sa façon d'enseigner :

"L'introduction de la plateforme d'IA Domoscio dans nos classes a été une véritable révélation. **Le système adapte le contenu et le rythme d'apprentissage à chaque élève. J'ai vu des élèves qui étaient en difficulté faire des progrès spectaculaires.** Ce qui me plaît le plus, c'est que je peux consacrer plus de temps à l'accompagnement individuel. L'IA me fournit des insights précieux sur les points forts et les difficultés de chaque élève, ce qui me permet d'intervenir de manière plus ciblée. Je me sens plus efficace et plus épanouie dans mon métier."

Avantages clés :

- Apprentissage adapté à chaque élève
- Meilleur suivi des progrès individuels
- Plus de temps pour l'accompagnement personnalisé

Logistique : L'IA pour une optimisation des livraisons

Karim, responsable logistique chez un grand transporteur, partage son expérience avec l'IA d'optimisation des itinéraires :

"Depuis que nous utilisons l'IA de Deepomatic pour optimiser nos itinéraires de livraison, notre efficacité a fait un bond en avant. Le système prend en compte le trafic en temps réel, les contraintes de livraison et même les préférences de nos clients pour calculer les meilleurs itinéraires. Nous avons réduit nos coûts de carburant de 15% et augmenté le nombre de livraisons par jour de 20%. **Ce qui me rend le plus fier, c'est la satisfaction de nos chauffeurs. Leur travail est moins stressant et ils apprécient de pouvoir respecter plus facilement les délais de livraison.** C'est gratifiant de voir comment la technologie peut améliorer à la fois notre efficacité et le bien-être de nos employés."

Avantages clés :

- Réduction des coûts de carburant
- Augmentation du nombre de livraisons
- Amélioration de la satisfaction des employés

Ressources humaines : L'IA pour un recrutement plus équitable

Amina, responsable RH dans une entreprise technologique, nous explique comment l'IA a transformé leur processus de recrutement :

"L'intégration de l'IA de Clustree dans notre processus de recrutement a été un véritable game-changer. **Le système analyse les compétences plutôt que les CV traditionnels, ce qui nous permet d'identifier des talents que nous aurions pu manquer autrement.** Nous avons vu une augmentation de 40% de la diversité dans nos embauches, et le taux de rétention des nouveaux employés a augmenté de 25%. Ce qui me plaît le plus, c'est que nous donnons vraiment une chance égale à tous les candidats. Je me sens fière de contribuer à un processus de recrutement plus équitable et efficace."

Avantages clés :

- Augmentation de la diversité dans les embauches
- Amélioration du taux de rétention des employés
- Processus de recrutement plus équitable

Ces témoignages illustrent comment l'IA, loin de remplacer les travailleurs, augmente leurs capacités et leur permet de se concentrer sur des tâches à plus forte valeur ajoutée. Que ce soit dans la santé, l'agriculture, l'industrie, le commerce, la finance, l'éducation, la logistique ou les ressources humaines, l'IA transforme positivement le quotidien professionnel, rendant le travail plus efficace, plus gratifiant et souvent plus humain.

L'adoption de l'IA dans ces différents secteurs montre également comment cette technologie peut contribuer à relever certains des grands défis de notre époque : amélioration des soins de santé, agriculture plus durable, production industrielle plus efficace, expériences client personnalisées, sécurité financière renforcée, éducation adaptée aux besoins individuels, logistique optimisée et processus de recrutement plus équitables.

Ces exemples concrets nous rappellent que l'IA n'est pas une technologie du futur, mais une réalité présente qui transforme déjà de nombreux métiers et secteurs. En embrassant ces technologies tout en restant centrés sur l'humain, nous pouvons créer un avenir professionnel plus efficace, plus durable et plus épanouissant pour tous.

Conclusion du Chapitre 2 : L'IA, un levier de transformation pour les PME

L'exploration des différentes facettes de l'intégration de l'IA dans notre quotidien professionnel révèle une réalité à la fois passionnante et prometteuse. À travers ce chapitre, nous avons vu comment l'IA transforme profondément la manière dont nous travaillons, prenons des décisions et interagissons dans divers secteurs d'activité.

L'automatisation des tâches répétitives grâce à l'IA libère un temps précieux, permettant aux professionnels de se concentrer sur des aspects plus stratégiques et créatifs de leur travail. Que ce soit dans la gestion des e-mails, l'analyse de données ou la planification logistique, l'IA s'avère être un allié puissant pour accroître notre productivité et notre efficacité.

L'amélioration de la prise de décision est un autre avantage majeur de l'IA. En fournissant des analyses approfondies, des prévisions précises et des recommandations basées sur des données, l'IA permet aux professionnels de prendre des décisions plus éclairées et stratégiques. Cela se traduit par une meilleure performance globale, que ce soit dans la gestion des ressources, la planification financière ou la stratégie marketing.

Les cas pratiques présentés dans ce chapitre illustrent de manière concrète comment l'IA est déjà en train de révolutionner divers secteurs. De la santé à l'agriculture, en passant par l'industrie automobile et l'éducation, nous avons vu comment l'IA apporte des bénéfices tangibles non seulement en termes d'efficacité et de productivité, mais aussi en termes de satisfaction au travail et d'impact positif sur la société.

Il est important de souligner que l'adoption de l'IA ne vise pas à remplacer l'humain, mais plutôt à augmenter ses capacités. Les témoignages recueillis montrent que l'IA permet aux professionnels de se concentrer sur des aspects plus gratifiants de leur travail, d'exercer davantage leur créativité et leur jugement, et de développer de nouvelles compétences.

Cependant, l'intégration de l'IA dans le monde professionnel n'est pas sans défis. Elle nécessite une adaptation continue, une formation adéquate et une réflexion éthique sur son utilisation. Il est crucial de veiller à ce que l'adoption de l'IA se fasse de manière responsable, en prenant en compte les implications sociales et éthiques.

En conclusion, l'IA offre un potentiel immense pour transformer positivement notre vie professionnelle. L'avenir du travail avec l'IA s'annonce prometteur, offrant des opportunités pour innover, créer de la valeur et relever les grands défis de notre époque.

Alors que nous continuons à explorer et à adopter ces technologies, il est essentiel de garder à l'esprit que le véritable pouvoir de l'IA réside dans sa capacité à amplifier nos compétences humaines uniques. **En adoptant l'IA tout en cultivant notre créativité, notre empathie et notre pensée critique, nous pouvons créer un avenir professionnel plus épanouissant, plus productif et plus humain.**

Chapitre 3 : Développer vos compétences en IA

Dans un monde professionnel en constante évolution, où l'intelligence artificielle (IA) joue un rôle de plus en plus central, développer et maintenir ses compétences dans ce domaine est devenu crucial. **Ce chapitre vous guidera à travers les différentes façons d'acquérir et d'approfondir vos connaissances en IA, que vous soyez débutant ou que vous cherchiez à perfectionner vos compétences existantes.**

L'apprentissage de l'IA peut sembler intimidant au premier abord, mais il existe aujourd'hui une multitude de ressources accessibles et souvent gratuites pour vous aider dans cette démarche. **Nous explorerons ensemble les meilleures plateformes de cours en ligne, les tutoriels les plus pertinents et les communautés d'apprentissage les plus dynamiques. Vous découvrirez comment ces ressources peuvent s'adapter à votre emploi du temps et à votre style d'apprentissage.**

Dans un domaine aussi dynamique que l'IA, rester à jour est tout aussi important que l'acquisition initiale de connaissances. Nous vous présenterons des plateformes de micro-apprentissage innovantes qui vous permettront de vous tenir informé des dernières avancées en IA de manière efficace et peu chronophage.

Enfin, nous aborderons les stratégies pour un apprentissage continu efficace. Comment intégrer l'apprentissage de l'IA dans votre routine quotidienne ? Comment maintenir votre motivation sur le long terme ? Comment appliquer concrètement vos nouvelles connaissances dans votre contexte professionnel ?

Que vous souhaitiez vous reconvertir dans l'IA, améliorer vos compétences actuelles ou simplement mieux comprendre cette technologie pour rester compétitif, **ce chapitre vous fournira les outils et les stratégies nécessaires pour réussir votre parcours d'apprentissage en IA.**

Ressources gratuites pour apprendre l'IA (cours en ligne, tutoriels, etc.)

L'intelligence artificielle (IA) est devenue un domaine incontournable, et de nombreuses ressources gratuites sont disponibles pour ceux qui souhaitent se former. Voici un aperçu des meilleures options pour apprendre l'IA sans frais en 2025 :

Plateformes de cours en ligne

Coursera

Coursera propose une variété de cours gratuits sur l'IA, dispensés par des universités prestigieuses. Bien que les certificats soient payants, le contenu des cours reste accessible gratuitement en mode "audit". Quelques cours recommandés :

- "Machine Learning" par Andrew Ng de Stanford University
- "AI For Everyone" par deeplearning.ai
- "Introduction to Artificial Intelligence (AI)" par IBM

Ces cours couvrent les fondamentaux de l'IA, du machine learning et du deep learning, offrant une base solide pour les débutants.

EdX

EdX offre également des cours gratuits d'universités renommées comme le MIT et Harvard. Parmi les cours populaires :

- "Artificial Intelligence (AI)" par Columbia University
- "Machine Learning Fundamentals" par UC San Diego
- "Deep Learning Fundamentals" par IBM

Ces cours permettent d'acquérir des connaissances approfondies sur différents aspects de l'IA.

Elements of AI

Développé par l'Université d'Helsinki, ce cours gratuit vise à démystifier l'IA pour un large public. Il couvre les concepts de base de l'IA sans nécessiter de connaissances préalables en programmation ou en mathématiques complexes. Le cours est disponible en français et offre un certificat gratuit à la fin.

Plateformes spécialisées en IA

Google AI

Google propose une série de cours gratuits sur l'IA via sa plateforme Google AI. Le "Machine Learning Crash Course" est particulièrement recommandé pour les débutants, offrant une introduction pratique au machine learning.

Fast.ai

Fast.ai propose des cours gratuits de deep learning, réputés pour leur approche pratique et accessible. Le cours "Practical Deep Learning for Coders" est très apprécié des autodidactes.

Kaggle

Kaggle offre non seulement des compétitions de data science, mais aussi des cours gratuits et des notebooks interactifs pour apprendre le machine learning et l'analyse de données.

Tutoriels et ressources en ligne

YouTube

De nombreuses chaînes YouTube proposent des tutoriels gratuits sur l'IA :

- "3Blue1Brown" pour des explications visuelles des concepts mathématiques derrière l'IA

- "Sentdex" pour des tutoriels pratiques de programmation en IA

- "Two Minute Papers" pour des résumés concis des dernières avancées en IA

GitHub

GitHub héberge de nombreux projets open-source liés à l'IA. Explorer ces projets peut offrir une perspective pratique sur l'implémentation de systèmes d'IA.

Blogs et articles

Des blogs comme "Towards Data Science" sur Medium ou "KDnuggets" offrent régulièrement des articles approfondis sur divers aspects de l'IA.

Ressources francophones

AI2

AI2 propose des formations gratuites en français sur l'IA, couvrant divers aspects du machine learning et du deep learning.

Ludo Salenne

Cette chaîne YouTube francophone offre des tutoriels détaillés sur l'IA, notamment sur ChatGPT, ainsi qu'une base de données gratuite de ressources et de prompts.

Cours spécialisés gratuits

ChatGPT et IA générative

Plusieurs plateformes proposent des cours gratuits sur l'utilisation de ChatGPT et d'autres outils d'IA générative :

- "ChatGPT Prompt Engineering for Developers" par OpenAI sur Deeplearning.ai
- "ChatGPT Quick Guide - Prompt Engineering, Plugins, and more" sur Udemy

Ces cours permettent de maîtriser l'utilisation avancée des outils d'IA conversationnelle.

IA pour développeurs

Des cours comme "Devenez un ingénieur doté d'IA : ChatGPT, Github Copilot" sur Udemy enseignent comment intégrer l'IA dans le processus de développement logiciel.

Stratégies pour tirer le meilleur parti des ressources gratuites

1. *Définissez vos objectifs d'apprentissage* : Avant de vous lancer, identifiez clairement ce que vous souhaitez apprendre et pourquoi.

2. *Créez un plan d'étude* : Organisez les ressources que vous avez trouvées dans un ordre logique, en commençant par les fondamentaux.

3. *Pratiquez régulièrement* : L'IA est un domaine pratique. Essayez d'appliquer ce que vous apprenez à travers des projets personnels ou des défis sur Kaggle.

4. *Rejoignez des communautés en* ligne : Des forums comme Reddit (r/MachineLearning, r/learnmachinelearning) ou Stack Overflow peuvent vous aider à résoudre des problèmes et à rester motivé.

5. *Restez à jour* : L'IA évolue rapidement. Suivez des blogs, des newsletters ou des conférences en ligne pour rester informé des dernières avancées.

Conclusion

L'abondance de ressources gratuites pour apprendre l'IA en 2025 rend ce domaine plus accessible que jamais. Que vous soyez débutant ou que vous cherchiez à approfondir vos connaissances, il existe des options adaptées à tous les niveaux et styles d'apprentissage. En combinant ces ressources et en adoptant une approche structurée, vous pouvez acquérir des compétences solides en IA sans investissement financier important.

Rappelez-vous que l'apprentissage de l'IA est un processus continu. La clé du succès réside dans la pratique régulière, l'expérimentation et la curiosité constante. Profitez de ces ressources gratuites pour débuter votre voyage dans le monde fascinant de l'intelligence artificielle, et n'hésitez pas à explorer différentes options pour trouver celles qui correspondent le mieux à vos objectifs et à votre style d'apprentissage.

Plateformes de micro-apprentissage pour rester à jour

Le micro-apprentissage, ou microlearning, s'impose comme une tendance majeure dans le domaine de la formation professionnelle en 2025. Cette approche, qui consiste à délivrer des contenus courts et ciblés, répond parfaitement aux besoins d'apprentissage continu dans un monde professionnel en constante évolution. Voici un aperçu des principales plateformes de micro-apprentissage qui permettent aux professionnels de rester à jour efficacement.

EdApp

EdApp se distingue comme une plateforme de micro-apprentissage intuitive et polyvalente[3]. Ses principales caractéristiques incluent :

- Modules interactifs et personnalisables

- Fonctionnalités de gamification pour augmenter l'engagement

- Suivi précis des progrès des apprenants

- Accessibilité sur mobile pour un apprentissage flexible

EdApp est particulièrement appréciée pour sa capacité à créer rapidement des contenus interactifs grâce à sa fonction AI Create. Cette fonctionnalité permet de générer des cours engageants en un simple clic, facilitant ainsi la création de contenu pour les formateurs.

Axonify

Axonify est une solution de micro-apprentissage conçue spécifiquement pour les entreprises. Ses points forts sont :

- Apprentissage personnalisé basé sur les besoins individuels

- Focus sur le renforcement des connaissances

- Idéal pour former rapidement des équipes sur des compétences spécifiques

La plateforme utilise l'intelligence artificielle pour adapter le contenu et le rythme d'apprentissage à chaque utilisateur, optimisant ainsi l'efficacité de la formation.

TalentCards

TalentCards se spécialise dans la création et la diffusion de micro-modules accessibles sur mobile. Ses avantages incluent :

- Création facile de contenus courts et percutants

- Parfaitement adapté aux équipes dispersées géographiquement

- Interface intuitive favorisant l'engagement des apprenants

Cette plateforme est particulièrement utile pour les entreprises ayant besoin de former rapidement un grand nombre d'employés sur des sujets spécifiques, comme les mises à jour de procédures ou les nouvelles réglementations.

SAP Litmos

SAP Litmos offre une solution complète de micro-apprentissage adaptée aux grandes entreprises. Ses fonctionnalités clés comprennent :

- Combinaison de micro-modules et d'évaluations interactives

- Intégration avec des outils RH pour une gestion simplifiée

- Analyses détaillées pour suivre les progrès et l'impact de la formation

La plateforme permet de créer des parcours d'apprentissage personnalisés, intégrant facilement le micro-apprentissage dans des stratégies de formation plus larges.

Skillsoft Percipio

Skillsoft Percipio se démarque par sa riche bibliothèque de contenus courts et multimodaux. Ses atouts principaux sont :

- Vaste collection de vidéos, infographies et autres formats courts

- Contenus adaptés à divers domaines professionnels

- Personnalisation de l'expérience d'apprentissage

La plateforme utilise l'intelligence artificielle pour recommander des contenus pertinents aux apprenants, facilitant ainsi la découverte de nouvelles compétences et connaissances.

Coursebox AI

Coursebox AI est une plateforme innovante qui utilise l'intelligence artificielle pour la création et la gestion de cours. Ses caractéristiques notables incluent :

- Création rapide de cours grâce à l'IA
- Outils de gestion de l'apprentissage intégrés
- Personnalisation avancée des parcours de formation

Coursebox AI se distingue par sa capacité à générer automatiquement des plans de cours et des contenus, permettant aux formateurs de se concentrer sur la qualité pédagogique plutôt que sur les aspects techniques de la création de cours.

Rise Up

Rise Up est une startup française qui développe des solutions d'apprentissage adaptatif basées sur l'IA. Ses points forts comprennent :

- Personnalisation poussée des parcours d'apprentissage
- Adaptation du contenu au rythme de chaque apprenant
- Intégration facile dans les environnements de travail existants

Rise Up utilise l'intelligence artificielle pour analyser les performances et les préférences des apprenants, ajustant continuellement le contenu et le rythme d'apprentissage pour optimiser l'efficacité de la formation.

360Learning

360Learning est une plateforme qui met l'accent sur l'apprentissage collaboratif et la personnalisation. Ses principales caractéristiques sont :

- Création collaborative de contenus de formation
- Personnalisation de l'apprentissage grâce à l'IA
- Fonctionnalités sociales pour favoriser l'engagement

La plateforme utilise l'intelligence artificielle pour recommander des contenus pertinents et adapter les parcours d'apprentissage en fonction des besoins individuels et des objectifs de l'entreprise.

Docebo

Docebo se distingue par ses fonctionnalités avancées basées sur l'IA. Ses atouts majeurs incluent :

- Fonction Deep Search pour une recherche de contenu optimisée
- Auto-Tagging pour faciliter la catégorisation des cours
- Skill-Tagging pour une organisation efficace du contenu d'apprentissage
- Suggestions personnalisées pour améliorer l'expérience utilisateur

Ces fonctionnalités permettent une gestion plus efficace des contenus de formation et une expérience d'apprentissage plus pertinente pour chaque utilisateur.

Zavvy

Zavvy propose un LMS (Learning Management System) basé sur l'IA avec des fonctionnalités innovantes :

- Growth System à 360 degrés pour générer des cadres de carrière complets

- Générateur de cours AI pour concevoir et déployer des formations à grande échelle

- Interface conviviale pour créer des plans de développement automatisés

Zavvy se distingue par sa capacité à intégrer le développement de carrière dans la stratégie de formation, offrant ainsi une approche holistique du développement des compétences.

Tendances et innovations dans le micro-apprentissage

Le marché du e-learning, y compris le micro-apprentissage, connaît une croissance significative en France, atteignant 4,2 milliards d'euros en 2024. Cette croissance est largement alimentée par l'adoption de l'intelligence artificielle, avec 72% des entreprises françaises ayant adopté ou envisageant d'adopter l'IA pour leurs formations.

Les innovations récentes dans le domaine du micro-apprentissage incluent :

1. Personnalisation avancée : L'IA permet de créer des parcours d'apprentissage sur mesure, adaptés aux besoins spécifiques de chaque apprenant.

2. Intégration de la gamification : Les plateformes incorporent de plus en plus d'éléments ludiques pour augmenter l'engagement des apprenants.

3. Utilisation de l'IA générative : Des outils comme ChatGPT sont intégrés pour faciliter la création de contenu et améliorer l'interaction avec les apprenants.

4. Réalité virtuelle et augmentée : Ces technologies immersives sont de plus en plus utilisées pour créer des expériences d'apprentissage engageantes.

5. Analyse prédictive : L'IA est utilisée pour anticiper les besoins en formation et recommander proactivement des contenus pertinents.

6. Microlearning mobile : L'accent est mis sur la création de contenus optimisés pour l'apprentissage sur smartphones et tablettes.

7. Intégration avec les outils de travail : Les plateformes de micro-apprentissage s'intègrent de plus en plus avec les outils de productivité utilisés au quotidien.

Ces innovations répondent aux défis actuels de la formation en entreprise, notamment la nécessité de personnalisation, la rapidité d'apprentissage et l'adaptation à un environnement de travail de plus en plus international et flexible.

Conclusion

Le micro-apprentissage, soutenu par l'intelligence artificielle et d'autres technologies innovantes, s'impose comme une solution efficace pour répondre aux besoins de formation continue dans un monde professionnel en constante évolution. Les plateformes présentées offrent une variété d'approches pour intégrer le micro-apprentissage dans les stratégies de formation des entreprises, permettant aux professionnels de rester à jour de manière efficace et engageante.

L'avenir du micro-apprentissage semble prometteur, avec des innovations continues qui rendent l'apprentissage plus personnalisé, accessible et adapté aux rythmes de travail modernes. Les entreprises qui adoptent ces solutions peuvent s'attendre à une amélioration significative de l'engagement des employés dans la formation, ainsi qu'à une meilleure rétention des connaissances et des compétences acquises.

Stratégies pour un apprentissage continu efficace

Dans un monde professionnel en constante évolution, l'apprentissage continu est devenu une nécessité pour rester compétitif et pertinent. Voici des stratégies efficaces pour intégrer l'apprentissage continu dans votre vie professionnelle :

Fixez-vous des objectifs SMART

Pour un apprentissage continu efficace, il est crucial de définir des objectifs clairs et réalisables. Utilisez la méthode SMART pour structurer vos objectifs d'apprentissage :

- *Spécifique* : Définissez précisément ce que vous voulez apprendre.

- *Mesurable* : Établissez des critères concrets pour évaluer vos progrès.

- *Atteignable* : Assurez-vous que vos objectifs sont réalistes compte tenu de vos ressources et contraintes.

- *Relevant* : Alignez vos objectifs d'apprentissage avec vos objectifs professionnels.

- *Temporel* : Fixez-vous des échéances pour maintenir votre motivation.

Par exemple, au lieu de vous fixer l'objectif vague "apprendre l'IA", optez pour "Suivre le cours 'AI Fundamentals' sur DataCamp et réaliser un projet pratique d'ici 3 mois".

Intégrez l'apprentissage dans votre routine quotidienne

L'apprentissage continu ne nécessite pas forcément de longues sessions d'étude. Adoptez une approche de micro-apprentissage en intégrant de courtes sessions d'apprentissage dans votre routine quotidienne :

- Consacrez 15-20 minutes chaque matin à la lecture d'articles ou de chapitres de livres sur votre domaine d'expertise.

- Écoutez des podcasts éducatifs pendant vos trajets ou vos pauses déjeuner.

- Utilisez des applications de micro-apprentissage comme Duolingo ou Coursera pour des sessions courtes mais régulières.

Dori Gonzalez-Acevedo, CEO, témoigne de l'efficacité de cette approche : "Se lever à 5h du matin et faire des promenades matinales tout en écoutant des podcasts ou des livres audio a été transformateur pour moi."

Exploitez les ressources en ligne

Profitez de la richesse des ressources gratuites disponibles en ligne pour votre apprentissage continu :

- Suivez des cours en ligne sur des plateformes comme Coursera, edX ou DataCamp.
- Participez à des webinaires et des conférences virtuelles dans votre domaine.
- Rejoignez des communautés en ligne et des forums de discussion pour échanger avec des pairs et des experts.

N'oubliez pas que la qualité prime sur la quantité. Choisissez des ressources pertinentes et fiables plutôt que d'accumuler des connaissances superficielles.

Pratiquez l'apprentissage actif

L'apprentissage actif implique d'appliquer concrètement ce que vous apprenez. Cette approche renforce la rétention des connaissances et développe des compétences pratiques :

- Travaillez sur des projets personnels qui mettent en pratique vos nouvelles connaissances.
- Participez à des hackathons ou des défis en ligne pour tester vos compétences.
- Enseignez ce que vous apprenez à vos collègues ou à travers des blogs et des tutoriels en ligne.

Par exemple, si vous apprenez le machine learning, essayez de créer un modèle de classification d'images ou participez à un concours Kaggle.

Cultivez un état d'esprit de croissance

Adoptez un état d'esprit de croissance, en considérant chaque défi comme une opportunité d'apprentissage :

- Accueillez positivement les retours et les critiques constructives.
- Voyez les échecs comme des occasions d'apprendre et de vous améliorer.
- Célébrez vos progrès, même les plus petits, pour maintenir votre motivation.

Créez un environnement propice à l'apprentissage

Votre environnement peut grandement influencer votre capacité à apprendre efficacement :

- Aménagez un espace dédié à l'apprentissage, libre de distractions.
- Entourez-vous de personnes qui valorisent l'apprentissage continu.
- Utilisez des outils de gestion du temps comme la technique Pomodoro pour structurer vos sessions d'apprentissage.

Tirez parti de l'apprentissage social

L'apprentissage n'a pas besoin d'être une activité solitaire. Exploitez le pouvoir de l'apprentissage social :

- Rejoignez ou créez un groupe d'étude avec des collègues ou des pairs de votre industrie.
- Participez à des programmes de mentorat, en tant que mentor ou mentoré.

- Collaborez sur des projets interdisciplinaires pour élargir vos horizons.

Utilisez la technologie à votre avantage

Les avancées technologiques offrent de nouvelles opportunités pour un apprentissage continu efficace :

- Utilisez des applications d'IA comme ChatGPT pour obtenir des explications personnalisées sur des concepts complexes.

- Exploitez les plateformes de réalité virtuelle pour des expériences d'apprentissage immersives.

- Utilisez des outils de prise de notes intelligents comme Notion ou Evernote pour organiser et réviser vos apprentissages.

Pratiquez la réflexion et l'auto-évaluation

Prenez régulièrement le temps de réfléchir à votre parcours d'apprentissage :

- Tenez un journal d'apprentissage pour documenter vos progrès et vos réflexions.

- Effectuez des auto-évaluations périodiques pour identifier vos forces et vos axes d'amélioration.

- Ajustez vos stratégies d'apprentissage en fonction de ce qui fonctionne le mieux pour vous.

Intégrez l'apprentissage dans votre flux de travail

L'apprentissage dans le flux de travail est une approche efficace pour intégrer l'apprentissage continu dans vos activités quotidiennes :

- Identifiez les opportunités d'apprentissage dans vos tâches quotidiennes.

- Utilisez des outils d'aide à la performance pour accéder à des informations pertinentes au moment où vous en avez besoin.

- Encouragez le partage de connaissances au sein de votre équipe à travers des sessions de feedback et des réunions de partage d'expériences.

Restez à jour avec les tendances de votre industrie

Pour un apprentissage continu efficace, il est crucial de rester informé des dernières tendances et innovations de votre secteur :

- Abonnez-vous à des newsletters et des flux RSS pertinents.

- Suivez des leaders d'opinion et des experts sur les réseaux sociaux professionnels.

- Participez régulièrement à des conférences et des événements de networking dans votre domaine.

Conclusion

L'apprentissage continu efficace nécessite une approche stratégique et un engagement constant. **En intégrant ces stratégies dans votre vie professionnelle, vous pouvez développer une habitude d'apprentissage qui vous permettra de rester compétitif et épanoui dans votre carrière.** Rappelez-vous que l'apprentissage est un voyage, pas une destination. Embrassez le processus, **restez curieux et ne cessez jamais d'apprendre.**

Conclusion du Chapitre

Le développement des compétences en IA est devenu un impératif dans le paysage professionnel actuel. **Ce chapitre a exploré les multiples facettes de cet apprentissage,**

offrant un guide complet pour ceux qui cherchent à rester à la pointe de cette technologie transformatrice.

Nous avons d'abord examiné la **richesse des ressources gratuites disponibles, des cours en ligne aux tutoriels**, démontrant qu'il n'est pas nécessaire d'investir des sommes importantes pour acquérir des connaissances solides en IA. Ces ressources offrent une flexibilité et une accessibilité sans précédent, permettant à chacun de se former à son rythme et selon ses besoins spécifiques.

Ensuite, nous avons exploré les **plateformes de micro-apprentissage**, qui répondent parfaitement aux exigences d'un monde professionnel en constante évolution. Ces outils permettent une mise à jour continue des connaissances, essentielle dans un domaine aussi dynamique que l'IA.

Enfin, nous avons abordé les **stratégies pour un apprentissage continu efficace**, soulignant l'importance d'une approche structurée et personnalisée. Ces stratégies visent à intégrer l'apprentissage dans la routine quotidienne, maximisant ainsi l'absorption et la rétention des connaissances.

L'apprentissage de l'IA n'est pas une destination, mais un voyage continu. Il requiert de la curiosité, de la persévérance et une volonté d'adaptation constante. **En combinant les ressources gratuites, les outils de micro-apprentissage et des stratégies d'apprentissage efficaces, chacun peut construire un parcours de formation personnalisé et durable.**

Dans un monde où l'IA redéfinit constamment les frontières du possible, **l'investissement dans l'apprentissage continu n'est pas seulement un atout, c'est une nécessité.** En embrassant cette approche, vous ne vous contentez pas de suivre le rythme du changement, vous vous positionnez pour être à l'avant-garde de l'innovation et de l'opportunité dans l'ère de l'IA.

Chapitre 4 : Les nouvelles opportunités de carrière créées par l'IA

L'intelligence artificielle (IA) ne se contente pas de transformer les métiers existants, elle **crée également de nouvelles opportunités professionnelles passionnantes.** Ce chapitre explore l'émergence de carrières inédites dans le domaine de l'IA et comment vous pouvez vous positionner pour en tirer parti.

Nous commencerons par examiner les métiers émergents liés à l'IA, tels que le prompt engineer et l'AI ethics officer. Ces rôles, qui n'existaient pas il y a quelques années, sont aujourd'hui en forte demande. Le prompt engineer, par exemple, se spécialise dans la conception et l'optimisation d'instructions pour les modèles d'IA générative, tandis que l'AI ethics officer veille à ce que le développement et l'utilisation de l'IA respectent des principes éthiques.

Ensuite, nous verrons comment vous pouvez adapter votre profil professionnel actuel aux besoins de l'ère de l'IA. Que vous soyez dans la tech ou dans un domaine complètement différent, il existe des moyens d'intégrer des compétences en IA à votre expertise existante pour rester compétitif sur le marché du travail.

Enfin, nous partagerons des témoignages inspirants de professionnels qui ont réussi leur reconversion grâce à l'IA. Ces histoires illustreront comment l'apprentissage de nouvelles compétences en IA peut ouvrir des portes inattendues et mener à des carrières épanouissantes.

Que vous cherchiez à vous lancer dans une nouvelle carrière ou à faire évoluer votre rôle actuel, ce chapitre vous fournira les informations et l'inspiration nécessaires pour naviguer dans le paysage professionnel en constante évolution de l'IA.

Métiers émergents liés à l'IA (prompt engineer, AI ethics officer, etc.)

L'intelligence artificielle (IA) redéfinit rapidement le paysage professionnel, créant de nouvelles opportunités passionnantes pour ceux qui sont prêts à s'adapter. **Voici un aperçu des métiers émergents les plus prometteurs liés à l'IA en 2025 :**

Prompt Engineer

Le prompt engineer est devenu l'un des rôles les plus recherchés dans l'écosystème de l'IA. Ces professionnels se spécialisent dans la conception et l'optimisation d'instructions (prompts) pour les modèles d'IA générative. Leurs responsabilités principales incluent :

- La compréhension approfondie de l'IA, du machine learning et du traitement du langage naturel
- L'ingénierie et la récupération de prompts efficaces
- La résolution de problèmes liés aux réponses des modèles d'IA
- L'assurance d'une utilisation éthique de l'IA
- Le suivi et l'évaluation des performances des systèmes d'IA

Les prompt engineers jouent un rôle crucial dans l'optimisation des interactions entre les humains et les systèmes d'IA, améliorant ainsi la qualité et la pertinence des résultats générés.

AI Ethics Officer

Avec la prolifération rapide de l'IA dans divers secteurs, le besoin de professionnels veillant à son développement et son utilisation éthiques est devenu primordial. **L'AI Ethics Officer, également connu sous le nom d'AI Ethicist, a pour mission d'examiner la technologie du point de vue des valeurs humaines.** Ses responsabilités incluent :

- L'élaboration de directives éthiques pour les projets d'IA
- La réalisation d'examens éthiques des projets d'IA
- La garantie que le développement de l'IA respecte les principes fondamentaux de nos sociétés et les libertés humaines
- L'organisation de discussions régulières sur des sujets tels que la confidentialité, l'équité et la transparence

Le salaire annuel attendu pour ce poste se situe entre 120 000 et 180 000 dollars[1].

AI Compliance Manager

Alors que l'AI Ethics Officer se concentre sur l'élaboration de directives éthiques, **l'AI Compliance Manager veille à ce que ces directives soient correctement suivies**. Ce rôle devient de plus en plus important à mesure que la réglementation et le contrôle autour de l'IA s'intensifient. Les responsabilités principales incluent :

- L'assurance du respect des cadres légaux et réglementaires

- La mise en œuvre et le suivi des directives éthiques au sein de l'organisation
- La gestion des risques liés à l'utilisation de l'IA

Generative AI Specialist

Ces professionnels se concentrent sur l'utilisation de l'IA pour des tâches créatives dans le marketing, le design et les médias. Leurs responsabilités incluent :

- Le développement et l'optimisation de modèles d'IA générative
- La création de contenu innovant à l'aide de l'IA
- L'intégration de solutions d'IA générative dans les flux de travail existants

AI Solutions Architect

L'AI Solutions Architect joue un **rôle crucial dans la conception et la mise en œuvre de stratégies d'IA alignées sur les objectifs de l'entreprise.** Ses responsabilités comprennent :

- La conception de solutions d'IA adaptées aux besoins spécifiques de l'entreprise
- L'intégration de systèmes d'IA avec l'infrastructure existante
- La collaboration avec diverses équipes pour assurer une mise en œuvre efficace

Human-AI Interaction Designer

Ce rôle se concentre sur l'amélioration des interactions entre les humains et les systèmes d'IA. Les responsabilités incluent :

- La conception d'interfaces utilisateur intuitives pour les systèmes d'IA

- L'optimisation de l'expérience utilisateur dans les interactions avec l'IA
- La recherche et le développement de nouvelles méthodes d'interaction homme-machine

AI Research Scientist

Les AI Research Scientists sont à **l'avant-garde de l'innovation en IA.** Leurs responsabilités comprennent :

- La planification et la réalisation d'expériences en IA
- L'analyse des résultats et la publication de papiers de recherche
- Le développement de nouveaux algorithmes et modèles d'IA

La demande pour ce rôle devrait augmenter de plus de 20% d'ici 2033.

Machine Learning Engineer

Les Machine Learning Engineers sont **essentiels au développement et à l'amélioration des systèmes d'IA.** Leurs responsabilités incluent :

- La conception, le test et l'amélioration d'algorithmes de machine learning
- Le développement de systèmes capables d'apprendre et de s'améliorer de manière autonome
- L'optimisation des performances des modèles de machine learning

AI Integration Specialist

Ces professionnels veillent à ce que **les outils d'IA s'intègrent harmonieusement aux systèmes existants de l'entreprise**. Leurs responsabilités comprennent :

- L'évaluation des besoins d'intégration de l'IA dans l'entreprise
- La mise en œuvre de solutions d'IA dans les flux de travail existants
- La formation des employés à l'utilisation des nouveaux outils d'IA

Chief AI Officer (CAIO)

Le poste de Chief AI Officer émerge comme un **rôle de direction clé dans de nombreuses entreprises.** Ses responsabilités incluent :

- La supervision de la stratégie globale d'IA de l'entreprise
- L'alignement des initiatives d'IA avec les objectifs commerciaux
- La gestion des ressources et des équipes dédiées à l'IA

AI Personality Designer

Avec la prolifération des assistants virtuels et des chatbots, **le rôle d'AI Personality Designer gagne en importance**. Ces professionnels sont chargés de :

- Créer des personnalités uniques et engageantes pour les entités d'IA générative
- Assurer que les interactions avec les outils d'IA soient plus humaines et naturelles
- Adapter les personnalités d'IA aux besoins spécifiques des marques et des utilisateurs

Custom AI Solution Developer

Ce rôle répond à la demande croissante de **solutions d'IA sur mesure pour des besoins industriels spécifiques**. Les responsabilités incluent :

- Le développement de solutions d'IA personnalisées pour des industries ou des défis spécifiques
- L'adaptation des modèles d'IA existants aux besoins uniques des clients
- La collaboration avec les équipes internes pour intégrer ces solutions personnalisées

Ces nouveaux métiers liés à l'IA offrent des opportunités passionnantes pour les professionnels désireux de se positionner à l'avant-garde de l'innovation technologique. Ils soulignent l'importance croissante de l'IA dans divers secteurs et la nécessité de développer des compétences spécialisées pour répondre aux défis et aux opportunités émergents.

Pour réussir dans ces rôles, il est essentiel de combiner une solide compréhension technique de l'IA avec des compétences transversales telles que la pensée critique, la créativité et l'intelligence émotionnelle. De plus, **une formation continue et une veille technologique constante sont cruciales pour rester à jour dans ce domaine en rapide évolution.**

En embrassant ces nouveaux rôles et en développant les compétences nécessaires, les professionnels peuvent non seulement assurer leur pertinence dans un marché du travail en mutation, mais aussi contribuer activement à façonner l'avenir de l'IA et son impact sur la société.

Comment adapter votre profil actuel aux besoins de l'ère de l'IA

L'avènement de l'IA transforme rapidement le paysage professionnel, créant à la fois des défis et des opportunités pour les travailleurs de tous les secteurs. Pour rester compétitif et pertinent dans ce nouvel environnement, il est essentiel d'adapter votre profil professionnel aux exigences de l'ère de l'IA. Voici comment vous pouvez y parvenir :

Évaluez vos compétences actuelles

La première étape consiste à faire un bilan honnête de vos compétences actuelles et à les comparer aux compétences recherchées dans l'ère de l'IA. Selon le rapport sur l'avenir de l'emploi du Forum économique mondial, les compétences les plus demandées pour 2025 incluent :

- La pensée analytique et l'innovation
- La résilience, la flexibilité et l'agilité
- La créativité
- La maîtrise technologique
- Le leadership et l'influence sociale

Évaluez où vous vous situez par rapport à ces compétences et identifiez les domaines où vous devez vous améliorer.

Développez une compréhension de base de l'IA

Quelle que soit votre profession, il est crucial d'acquérir une compréhension fondamentale de l'IA et de son impact potentiel sur votre domaine. Cela ne signifie pas que vous devez devenir un expert en apprentissage automatique, mais vous devez comprendre les concepts de base et le potentiel de l'IA.

Suivez des cours d'introduction à l'IA sur des plateformes comme Coursera ou edX. Ces cours vous aideront à comprendre comment l'IA peut être appliquée dans différents contextes professionnels.

Identifiez les compétences spécifiques à l'IA pertinentes pour votre domaine

Chaque secteur sera affecté différemment par l'IA. Identifiez les compétences spécifiques à l'IA qui sont les plus pertinentes pour votre domaine. Par exemple :

- Dans le marketing, la compréhension de l'IA générative pour la création de contenu est cruciale.
- Dans la finance, la connaissance des réseaux de neurones artificiels pour l'analyse prédictive est importante.
- Dans le développement de produits, la compréhension de la vision par ordinateur peut être essentielle.

Combinez compétences techniques et humaines

L'ère de l'IA ne nécessite pas seulement des compétences techniques, mais aussi des compétences humaines que l'IA ne peut pas facilement reproduire. Concentrez-vous sur le développement de compétences telles que :

- La pensée critique
- La créativité
- L'intelligence émotionnelle
- La résolution de problèmes complexes

Ces compétences vous permettront de travailler efficacement aux côtés de l'IA, en apportant une valeur unique que la technologie ne peut pas remplacer.

Adoptez une mentalité d'apprentissage continu

Dans un monde où la technologie évolue rapidement, l'apprentissage continu n'est plus une option, c'est une nécessité. Adoptez une mentalité de croissance et engagez-vous dans un apprentissage tout au long de la vie.

- Fixez-vous des objectifs d'apprentissage réguliers.
- Explorez de nouvelles ressources d'apprentissage, comme les cours en ligne, les webinaires et les conférences.
- Rejoignez des communautés professionnelles pour rester informé des dernières tendances de votre secteur.

Développez votre culture numérique

La maîtrise technologique est devenue une compétence non négociable dans presque tous les domaines. Assurez-vous de développer une solide culture numérique :

- Familiarisez-vous avec les outils d'IA courants dans votre domaine.
- Apprenez les bases de la programmation, même si ce n'est pas votre domaine principal.
- Comprenez les principes de la cybersécurité et de la protection des données.

Concentrez-vous sur les compétences adjacentes

Au lieu de vous former à un tout nouveau domaine, concentrez-vous sur le développement de compétences adjacentes à votre expertise actuelle. *Par exemple :*

- *Si vous êtes dans le marketing, apprenez à utiliser des outils d'IA pour l'analyse des données clients.*
- *Si vous êtes dans la gestion de projet, familiarisez-vous avec les outils d'IA pour l'optimisation des ressources.*

Cette approche vous permettra de rester pertinent dans votre domaine tout en élargissant vos compétences.

Développez votre expertise en analyse de données

La capacité à analyser et à interpréter les données est devenue cruciale dans presque tous les domaines. L'IA génère d'énormes quantités de données, et les professionnels capables de donner un sens à ces données seront très recherchés.

- Apprenez les bases de l'analyse de données.
- Familiarisez-vous avec des outils d'analyse de données comme Python ou R.
- Développez vos compétences en visualisation de données.

Cultivez votre créativité

Alors que l'IA excelle dans le traitement de tâches routinières et analytiques, la créativité humaine reste inégalée. Cultivez votre créativité pour vous démarquer :

- Pratiquez la résolution créative de problèmes.
- Explorez des domaines en dehors de votre expertise pour stimuler votre pensée créative.
- Collaborez avec des personnes de différents horizons pour générer de nouvelles idées.

Développez vos compétences en communication

La capacité à communiquer efficacement, tant avec les humains qu'avec les systèmes d'IA, sera de plus en plus importante. Améliorez vos compétences en communication :

- Apprenez à expliquer des concepts complexes de manière simple.

- Développez vos compétences en narration pour présenter efficacement des données et des idées.
- Améliorez vos compétences en communication interculturelle pour travailler dans des équipes mondiales.

Familiarisez-vous avec l'éthique de l'IA

Avec l'adoption croissante de l'IA, la compréhension des implications éthiques de cette technologie devient cruciale. Développez une compréhension des questions éthiques liées à l'IA :

- Familiarisez-vous avec les principes de l'IA éthique.
- Comprenez les implications de l'IA en termes de confidentialité et de sécurité des données.
- Réfléchissez aux implications sociales et économiques de l'IA dans votre domaine.

Développez votre intelligence émotionnelle

L'intelligence émotionnelle, la capacité à comprendre et à gérer vos propres émotions et celles des autres, devient de plus en plus importante à mesure que l'IA prend en charge davantage de tâches analytiques.

- Travaillez sur votre empathie et votre compréhension des autres.
- Améliorez votre capacité à gérer le stress et l'incertitude.
- Développez vos compétences en leadership et en gestion d'équipe.

Explorez les nouvelles opportunités créées par l'IA

L'IA ne supprime pas seulement des emplois, elle en crée aussi de nouveaux. Explorez les nouvelles opportunités de carrière créées par l'IA dans votre domaine :

- Renseignez-vous sur les nouveaux rôles émergents comme l'ingénieur en IA éthique ou le spécialiste en IA générative.
- Identifiez comment votre expertise actuelle peut être appliquée à ces nouveaux rôles.

Développez votre réseau professionnel

Dans un paysage professionnel en rapide évolution, votre réseau peut être une ressource précieuse. Investissez dans le développement de votre réseau professionnel :

- Participez à des conférences et des événements liés à l'IA dans votre domaine.
- Rejoignez des groupes professionnels en ligne et participez activement aux discussions.
- Cherchez des opportunités de mentorat, à la fois comme mentor et comme mentoré.

Restez informé des dernières tendances

Le domaine de l'IA évolue rapidement. Restez informé des dernières tendances et développements :

- Suivez des leaders d'opinion et des experts en IA sur les réseaux sociaux.
- Abonnez-vous à des newsletters et des publications spécialisées dans votre domaine.
- Participez à des webinaires et des conférences en ligne sur l'IA.

En conclusion, adapter votre profil professionnel à l'ère de l'IA nécessite une approche proactive et multidimensionnelle. Il s'agit de développer un mélange

de compétences techniques et humaines, d'adopter une mentalité d'apprentissage continu et de rester à l'affût des nouvelles opportunités. En prenant ces mesures, vous pouvez non seulement vous adapter à l'ère de l'IA, mais aussi prospérer dans ce nouveau paysage professionnel en constante évolution.

Témoignages de reconversions réussies grâce à l'IA

Pour illustrer concrètement comment l'IA peut transformer des carrières, j'ai interviewé trois professionnels qui ont réussi leur reconversion grâce à l'intelligence artificielle. Voici leurs témoignages inspirants :

Interview 1 : Isabelle Dauchel, de gestionnaire de paie à analyste de données

Q : Isabelle, pouvez-vous nous parler de votre parcours professionnel avant votre reconversion ?

Isabelle : Bien sûr. J'étais gestionnaire de paie depuis plus de 10 ans. C'était un travail stable, mais je me sentais bloquée, sans réelle perspective d'évolution. Je me souviens avoir dit à une collègue que j'avais l'impression d'avoir de la poussière sur les épaules tellement je me sentais figée dans ma routine.

Q : Qu'est-ce qui vous a poussée à vous reconvertir dans l'IA ?

Isabelle : J'avais envie de me renouveler et de suivre les évolutions du monde du travail. Je voyais l'IA prendre de plus en plus d'importance et je me suis dit que c'était le bon moment pour me former dans ce domaine porteur.

Q : Comment s'est passée votre formation ?

Isabelle : J'ai suivi une formation intensive à la Wild Code School. Ça a été un vrai défi ! J'ai dû m'adapter à des méthodes d'apprentissage très différentes de ce que je connaissais. Il fallait beaucoup échanger, poser des questions, travailler en groupe. Au début, ce n'était pas facile pour moi qui étais habituée à travailler seule.

Q : Quelles compétences de votre ancien métier vous ont été utiles ?

Isabelle : Étonnamment, ce ne sont pas mes connaissances techniques en paie qui m'ont le plus servi, mais plutôt mes compétences générales. Ma persévérance, mon aisance avec l'informatique et ma capacité d'analyse ont été de vrais atouts. Dans mon nouveau rôle d'analyste de données, il faut savoir reformuler les problématiques et les analyser en profondeur, des compétences que j'avais déjà développées.

Q : Quel conseil donneriez-vous à quelqu'un qui hésite à se reconvertir ?

Isabelle : Je dirais de bien réfléchir à sa motivation et de se donner les moyens de réussir. Il faut choisir une formation qui nous passionne vraiment, pas juste suivre une tendance. Et surtout, il faut garder un équilibre personnel pendant la formation. J'ai appris l'importance de bien dormir et de prendre soin de soi pour éviter l'épuisement.

Q : Êtes-vous satisfaite de votre reconversion aujourd'hui ?

Isabelle : Absolument ! Je suis épanouie dans mon nouveau rôle d'analyste de données. C'est un domaine passionnant, en constante évolution. Je ne regrette pas d'avoir osé ce changement, même si ça n'a pas toujours été facile.

Interview 2 : Jean, de commercial à spécialiste en IA générative

Q : Jean, quel était votre parcours avant de vous reconvertir dans l'IA ?

Jean : J'étais commercial dans une entreprise de logiciels depuis environ 8 ans. J'aimais le contact avec les clients, mais je sentais que je stagnais professionnellement.

Q : Qu'est-ce qui vous a attiré vers l'IA ?

Jean : J'ai commencé à m'intéresser à l'IA quand j'ai vu comment elle transformait le marketing et les ventes. J'ai réalisé que c'était une opportunité d'évoluer tout en capitalisant sur mon expérience dans la vente.

Q : Comment avez-vous abordé votre recherche d'emploi dans ce nouveau domaine ?

Jean : J'ai utilisé des outils d'IA pour m'aider dans ma recherche d'emploi. Par exemple, j'ai utilisé une plateforme qui analysait mon CV et me suggérait des améliorations basées sur les mots-clés et les compétences recherchées dans le domaine de l'IA.

Q : L'IA vous a-t-elle aidé dans votre préparation aux entretiens ?

Jean : Absolument ! J'ai utilisé un outil d'IA qui m'a fourni une liste de questions couramment posées lors des entretiens dans le domaine de l'IA générative. J'ai pu m'entraîner et gagner en confiance. C'était vraiment utile, surtout pour quelqu'un qui changeait complètement de domaine.

Q : Comment l'IA vous aide-t-elle dans votre nouveau rôle ?

Jean : Dans mon travail actuel de spécialiste en IA générative, j'utilise quotidiennement des outils d'IA pour créer du contenu, analyser des données et optimiser nos campagnes marketing. C'est fascinant de voir comment l'IA peut augmenter nos capacités et nous permettre d'être plus créatifs et stratégiques.

Q : Quel conseil donneriez-vous à quelqu'un qui souhaite se reconvertir dans l'IA ?

Jean : Je dirais de ne pas avoir peur d'utiliser l'IA elle-même comme outil dans votre processus de reconversion. Que ce soit pour améliorer votre CV, vous préparer aux entretiens ou même pour apprendre de nouvelles compétences, l'IA peut vraiment vous donner un avantage.

Interview 3 : Sophie, d'enseignante à conceptrice de parcours d'apprentissage basés sur l'IA

Q : Sophie, pouvez-vous nous parler de votre parcours avant votre reconversion ?

Sophie : J'étais enseignante en lycée depuis 15 ans. J'adorais mon métier, mais je sentais que je voulais avoir un impact plus large sur l'éducation.

Q : Qu'est-ce qui vous a attirée vers l'IA dans l'éducation ?

Sophie : J'ai commencé à m'intéresser à l'IA quand j'ai vu son potentiel pour personnaliser l'apprentissage. Je me suis dit que c'était une opportunité incroyable de combiner ma passion pour l'enseignement avec les nouvelles technologies.

Q : Comment avez-vous acquis les compétences nécessaires pour cette reconversion ?

Sophie : J'ai suivi des cours en ligne sur des plateformes comme Coursera et edX. J'ai aussi participé à des marathons de programmation éducatifs où j'ai pu mettre en pratique mes nouvelles compétences. Ça a été un processus d'apprentissage continu et passionnant.

Q : Quels défis avez-vous rencontrés lors de votre reconversion ?

Sophie : Le plus grand défi a été de passer d'un environnement très humain à un monde plus technologique. J'ai dû apprendre à coder, à comprendre les algorithmes d'apprentissage automatique. Mais j'ai réalisé que mon expérience en tant qu'enseignante m'apportait une perspective unique et précieuse.

Q : Comment utilisez-vous l'IA dans votre nouveau rôle ?

Sophie : Je travaille maintenant comme conceptrice de parcours d'apprentissage basés sur l'IA pour une jeune entreprise innovante dans l'éducation. Nous utilisons l'IA pour créer des expériences d'apprentissage personnalisées, adaptées au rythme et au style d'apprentissage de chaque étudiant. L'IA peut vraiment aider à rendre l'éducation plus accessible et efficace.

Q : Quel conseil donneriez-vous à un enseignant qui souhaite se reconvertir dans l'IA ?

Sophie : Je dirais de ne pas sous-estimer la valeur de votre expérience pédagogique. Les compétences en communication, en gestion de groupe, en adaptation à différents styles d'apprentissage sont très précieuses dans le domaine de l'IA éducative. N'ayez pas peur de la technologie, elle est là pour augmenter vos capacités, pas pour les remplacer.

Q : Êtes-vous satisfaite de votre reconversion ?

Sophie : Absolument ! Je sens que j'ai trouvé le parfait équilibre entre ma passion pour l'éducation et mon intérêt pour l'innovation technologique. C'est gratifiant de savoir que mon travail peut avoir un impact positif sur l'apprentissage de milliers d'étudiants.

Ces témoignages montrent que la reconversion dans l'IA est non seulement possible, mais peut aussi être extrêmement gratifiante. **Que vous veniez de la finance, des ventes ou de l'éducation, l'IA offre des opportunités passionnantes pour réinventer votre carrière. La clé du succès semble résider dans une combinaison d'apprentissage continu, d'ouverture d'esprit et de capacité à tirer parti de ses compétences existantes dans un nouveau contexte.** L'IA n'est pas seulement un domaine dans lequel se reconvertir, c'est aussi un outil puissant pour faciliter cette reconversion.

Conclusion de ce chapitre

L'exploration des nouvelles opportunités de carrière créées par l'IA révèle un paysage professionnel en pleine mutation, riche en possibilités pour ceux qui sont prêts à s'adapter et à évoluer. Ce chapitre a mis en lumière plusieurs aspects cruciaux de cette transformation :

1. *L'émergence de nouveaux métiers* : Des rôles tels que prompt engineer, AI ethics officer, ou encore generative AI specialist témoignent de la diversité des opportunités offertes par l'IA. Ces métiers, inexistants il y a quelques années, sont aujourd'hui au cœur de l'innovation et de la transformation numérique des entreprises.

2. *L'adaptation des profils existants* : L'IA ne se contente pas de créer de nouveaux métiers, elle transforme également les rôles existants. La capacité à intégrer

l'IA dans son domaine d'expertise actuel apparaît comme une compétence clé pour rester pertinent et compétitif sur le marché du travail.

3. *La réussite des reconversions* : Les témoignages présentés démontrent que la reconversion dans l'IA est non seulement possible mais peut être extrêmement gratifiante. Qu'il s'agisse d'un changement radical de carrière ou d'une évolution naturelle de son rôle, l'IA offre des opportunités pour tous les profils.

4. *L'importance de l'apprentissage continu* : Dans un domaine aussi dynamique que l'IA, la formation continue apparaît comme un élément crucial. La capacité à apprendre, à se former et à s'adapter constamment est une compétence en soi, essentielle pour réussir dans ce nouveau paysage professionnel.

5. *La valeur des compétences transversales* : Les compétences comportementales, telles que la créativité, l'adaptabilité, la pensée critique et la communication, se révèlent être des atouts majeurs dans la transition vers des carrières liées à l'IA.

En conclusion, **l'IA ouvre un vaste champ de possibilités pour l'évolution et la réinvention des carrières**. Elle offre l'opportunité de combiner expertise technique et compétences humaines d'une manière inédite, créant ainsi des profils professionnels uniques et valorisés. Pour saisir ces opportunités, il est essentiel d'adopter une attitude proactive envers l'apprentissage, de rester ouvert au changement et de cultiver une curiosité constante pour les innovations technologiques.

Chapitre 5 : Créer de la valeur avec l'IA dans votre carrière

L'intelligence artificielle (IA) n'est plus un concept futuriste, mais une réalité qui transforme rapidement le monde professionnel. Dans ce chapitre, nous explorerons comment vous pouvez **tirer parti de l'IA pour créer de la valeur dans votre carrière et vous démarquer** sur un marché du travail de plus en plus compétitif.

L'IA offre de nombreuses opportunités pour améliorer votre productivité, développer de nouvelles compétences et innover dans votre domaine. **Que vous soyez débutant ou professionnel expérimenté, l'intégration de l'IA dans votre parcours professionnel peut ouvrir des portes inattendues et accélérer votre progression de carrière.**

Nous commencerons par explorer comment **identifier les opportunités d'utilisation de l'IA dans votre travail quotidien**. Ensuite, nous verrons comment **développer des projets personnels basés sur l'IA** pour enrichir votre portfolio et démontrer votre expertise. Enfin, nous aborderons les méthodes pour **mesurer et communiquer efficacement l'impact de l'IA sur votre productivité et vos compétences**.

L'objectif de ce chapitre est de vous donner **les outils et les stratégies nécessaires** pour faire de l'IA un véritable atout dans votre carrière. En adoptant une approche proactive et créative, vous pourrez non seulement vous adapter aux changements induits par l'IA, mais aussi les anticiper et les exploiter à votre avantage.

Identifier les opportunités d'utilisation de l'IA dans votre parcours professionnel

L'intelligence artificielle (IA) transforme rapidement le monde du travail, offrant de nouvelles opportunités pour améliorer la productivité, l'efficacité et l'innovation dans de nombreux domaines professionnels. Voici comment identifier et tirer parti des opportunités d'utilisation de l'IA dans votre parcours professionnel :

1. Évaluez votre secteur d'activité

Commencez par analyser comment l'IA est déjà utilisée dans votre secteur. Par exemple :

- Dans le domaine de la santé, l'IA aide au diagnostic, à la personnalisation des traitements et à l'analyse d'images médicales.
- Dans la finance, l'IA est utilisée pour la détection de fraudes, la gestion de portefeuille et l'analyse prédictive.
- Dans l'industrie, l'IA optimise les chaînes de production et permet la maintenance prédictive.

Identifiez les tendances spécifiques à votre secteur et réfléchissez à la manière dont ces applications de l'IA pourraient impacter votre rôle actuel ou futur.

2. Analysez vos tâches quotidiennes

Examinez vos tâches quotidiennes et identifiez celles qui pourraient bénéficier de l'automatisation ou de l'assistance de l'IA :

- Tâches répétitives comme la saisie de données ou la gestion des e-mails
- Analyse de grandes quantités de données
- Prise de décision basée sur des données complexes

L'objectif est de libérer du temps pour vous concentrer sur des tâches à plus forte valeur ajoutée nécessitant des compétences humaines comme la créativité, l'empathie ou la résolution de problèmes complexes.

3. Explorez les outils d'IA disponibles

Familiarisez-vous avec les outils d'IA pertinents pour votre domaine. Par exemple :

- ChatGPT ou Claude pour l'assistance à la rédaction et la génération de contenu
- Des outils d'analyse de données comme IBM Watson ou Google Cloud AI
- Des assistants virtuels pour la gestion de tâches et la planification

Testez ces outils et évaluez comment ils pourraient s'intégrer dans votre flux de travail pour améliorer votre productivité.

4. Identifiez les nouvelles compétences requises

L'adoption de l'IA nécessite souvent de développer de nouvelles compétences. Identifiez celles qui seront les plus pertinentes dans votre domaine, comme :

- L'analyse de données et l'interprétation des résultats de l'IA
- La compréhension des principes de base du machine learning
- La capacité à collaborer efficacement avec les systèmes d'IA

Investissez dans votre formation continue pour acquérir ces compétences et rester compétitif sur le marché du travail.

5. Anticipez les évolutions de votre métier

Réfléchissez à la façon dont l'IA pourrait faire évoluer votre rôle à long terme. Par exemple :

- Dans le marketing, l'IA permet une personnalisation accrue des campagnes et une analyse plus fine du comportement des consommateurs.
- Dans les ressources humaines, l'IA transforme le recrutement, la formation et la gestion des talents.
- Dans l'éducation, l'IA permet de créer des parcours d'apprentissage personnalisés.

Anticipez ces changements pour vous positionner stratégiquement et saisir les nouvelles opportunités qui émergeront.

6. Explorez les nouveaux rôles liés à l'IA

L'IA crée également de nouveaux métiers spécialisés. Considérez si ces rôles pourraient correspondre à vos intérêts et compétences :

- Ingénieur en IA ou spécialiste en machine learning
- Expert en éthique de l'IA
- Gestionnaire de projets IA
- Spécialiste en IA générative

Ces rôles offrent souvent des perspectives intéressantes en termes de carrière et de rémunération.

7. Identifiez les opportunités d'innovation

L'IA peut être un puissant outil d'innovation dans votre domaine. Réfléchissez à la manière dont vous pourriez l'utiliser pour :

- Développer de nouveaux produits ou services
- Améliorer l'expérience client
- Optimiser les processus internes de votre entreprise

Proposer des idées innovantes basées sur l'IA peut vous démarquer et ouvrir de nouvelles opportunités de carrière.

8. Considérez l'impact éthique et sociétal

L'utilisation de l'IA soulève des questions éthiques importantes. Identifiez les enjeux spécifiques à votre domaine, comme :

- La protection de la vie privée et des données personnelles
- Les biais potentiels dans les algorithmes d'IA
- L'impact de l'automatisation sur l'emploi

Développer une expertise sur ces questions peut vous positionner comme un acteur clé dans le déploiement responsable de l'IA au sein de votre organisation.

9. Networking et veille technologique

Pour rester informé des dernières opportunités liées à l'IA :

- Participez à des conférences et des webinaires sur l'IA dans votre domaine
- Rejoignez des communautés professionnelles en ligne dédiées à l'IA
- Suivez des experts et des leaders d'opinion sur les réseaux sociaux

Ces activités vous permettront de découvrir de nouvelles applications de l'IA et d'élargir votre réseau professionnel.

10. Expérimentez et apprenez continuellement

L'IA évolue rapidement. Pour tirer le meilleur parti des opportunités qu'elle offre :

- Expérimentez régulièrement avec de nouveaux outils et technologies d'IA
- Participez à des projets pilotes ou des hackathons liés à l'IA dans votre entreprise
- Adoptez une mentalité d'apprentissage continu pour rester à jour avec les dernières avancées

En conclusion, l'identification des opportunités d'utilisation de l'IA dans votre parcours professionnel nécessite une approche proactive et une réflexion stratégique. **En analysant votre secteur, vos tâches quotidiennes et les tendances émergentes, vous pouvez positionner l'IA comme un levier puissant pour accélérer votre carrière et créer de la valeur dans votre rôle professionnel.** L'IA n'est pas seulement un outil à utiliser, mais une compétence à développer et une opportunité à saisir pour façonner l'avenir de votre domaine.

Développer des projets personnels basés sur l'IA pour enrichir votre portfolio

Dans un marché du travail de plus en plus compétitif, avoir un portfolio solide mettant en valeur vos compétences en IA peut faire toute la différence. Voici comment développer des projets personnels basés sur l'IA pour enrichir votre portfolio :

1. Choisissez des projets pertinents et variés

Sélectionnez des projets qui démontrent une gamme de compétences en IA et qui s'alignent sur vos objectifs de carrière. Voici quelques idées de projets à considérer :

- *Chatbot ou assistant virtuel* : Créez un agent conversationnel utilisant le traitement du langage naturel (NLP) pour répondre aux requêtes des utilisateurs.
- *Système de recommandation* : Développez un algorithme qui suggère des produits ou du contenu personnalisé basé sur les préférences de l'utilisateur.
- *Analyse de sentiments* : Construisez un modèle qui analyse le ton et l'émotion dans les textes, comme les critiques de produits ou les posts sur les réseaux sociaux.
- *Reconnaissance d'images* : Créez un système de classification d'images ou de détection d'objets à l'aide de techniques de vision par ordinateur.
- *Prédiction de séries temporelles* : Développez un modèle qui prévoit des tendances futures basées sur des données historiques, comme les prix des actions ou la demande de produits.
- *Génération de texte ou d'image* : Explorez les modèles génératifs comme GPT ou DALL-E pour créer du contenu original.

2. Utilisez des données réelles et résolvez des problèmes concrets

Pour rendre vos projets plus percutants :

- Utilisez des jeux de données du monde réel provenant de sources comme Kaggle ou des API publiques.

- Abordez des problèmes concrets que les entreprises pourraient rencontrer dans votre domaine d'intérêt.
- Documentez clairement le problème que vous essayez de résoudre et l'impact potentiel de votre solution.

3. Maîtrisez les outils et frameworks populaires

Familiarisez-vous avec les outils et frameworks couramment utilisés dans l'industrie :

- Langages de programmation : Python, R, Java
- Bibliothèques d'apprentissage automatique : TensorFlow, PyTorch, scikit-learn
- Outils de visualisation : Matplotlib, Seaborn, Plotly
- Plateformes cloud : AWS, Google Cloud, Azure

Utilisez ces outils dans vos projets pour démontrer votre expertise technique.

4. Documentez soigneusement votre processus

Une documentation claire est essentielle pour un projet de portfolio réussi :

- Expliquez votre approche, y compris les raisons de vos choix techniques.
- Détaillez les étapes de prétraitement des données, de sélection du modèle et d'optimisation.
- Présentez vos résultats avec des visualisations claires et des métriques pertinentes.
- Discutez des défis rencontrés et de la manière dont vous les avez surmontés.

5. Mettez l'accent sur l'impact et les résultats

Allez au-delà de la simple implémentation technique :

- Quantifiez l'impact de votre solution (par exemple, amélioration de la précision, réduction des coûts).
- Expliquez comment votre projet pourrait être appliqué dans un contexte professionnel.
- Discutez des implications éthiques et des considérations de confidentialité le cas échéant.

6. Rendez vos projets accessibles et interactifs

Facilitez l'exploration de vos projets par les recruteurs et les pairs :

- Hébergez votre code sur GitHub avec un README détaillé.
- Créez des notebooks Jupyter interactifs pour illustrer votre processus.
- Déployez des démos en ligne lorsque c'est possible (par exemple, avec Streamlit ou Gradio).
- Enregistrez des vidéos de démonstration pour les projets plus complexes.

7. Itérez et améliorez continuellement

Le développement de projets d'IA est un processus itératif :

- Sollicitez des retours de pairs ou de mentors dans le domaine.
- Restez à jour avec les dernières avancées et mettez à jour vos projets en conséquence.
- Explorez des extensions ou des améliorations à vos projets existants.

Exemples de projets concrets à développer :

1. *Assistant IA pour la planification de carrière*

Développez un chatbot qui utilise le NLP pour analyser les CV et les descriptions de poste, puis fournit des recommandations personnalisées pour le développement de carrière. Ce projet démontrerait vos compétences en NLP, en analyse de données et en création d'interfaces conversationnelles.

2. Système de détection de fraude basé sur l'IA

Créez un modèle qui analyse les transactions financières pour détecter les activités frauduleuses. Utilisez des techniques d'apprentissage automatique pour identifier les schémas suspects et générer des alertes. Ce projet montrerait vos compétences en analyse de données, en apprentissage automatique et en gestion des risques.

3. Outil de prédiction des tendances de marché

Développez un modèle qui analyse les données historiques du marché, les sentiments des médias sociaux et les événements économiques pour prédire les tendances futures des prix des actions ou des crypto-monnaies. Ce projet démontrerait vos compétences en analyse de séries temporelles, en NLP et en intégration de données provenant de sources multiples.

4. Système de recommandation de contenu personnalisé

Créez un algorithme qui suggère du contenu (articles, vidéos, musique) basé sur les préférences de l'utilisateur et son historique de consommation. Utilisez des techniques de filtrage collaboratif et de deep learning pour améliorer la précision des recommandations. Ce projet montrerait vos compétences en systèmes de recommandation et en personnalisation.

5. Outil d'optimisation de la chaîne d'approvisionnement

Développez un système qui utilise l'apprentissage par renforcement pour optimiser la gestion des stocks et la logistique dans une chaîne d'approvisionnement simulée. Ce projet démontrerait vos compétences en IA appliquée à l'optimisation des processus d'entreprise.

6. Assistant virtuel pour le diagnostic médical

Créez un système d'aide à la décision médicale qui analyse les symptômes des patients et les données médicales pour suggérer des diagnostics potentiels et des plans de traitement. Utilisez des techniques de NLP et d'apprentissage automatique pour traiter les entrées en langage naturel et générer des recommandations basées sur des directives médicales. Ce projet montrerait vos compétences en IA appliquée au domaine de la santé.

7. Système de génération de musique basé sur l'IA

Développez un modèle qui génère des compositions musicales originales dans différents styles. Utilisez des techniques de deep learning et de traitement du signal pour analyser et reproduire des patterns musicaux. Ce projet démontrerait vos compétences en IA créative et en traitement audio.

Conseils pour maximiser l'impact de vos projets :

1. Créez une narration convaincante

Pour chaque projet, construisez une histoire qui explique :

- Le problème que vous essayez de résoudre et son importance
- Votre processus de réflexion et les décisions clés que vous avez prises
- Les défis rencontrés et comment vous les avez surmontés

- Les résultats obtenus et leur signification

2. *Mettez en valeur votre créativité*

Ne vous contentez pas de reproduire des tutoriels existants. Montrez votre capacité à innover en :

- Combinant différentes techniques ou technologies de manière unique
- Appliquant des solutions d'IA à des domaines inattendus
- Proposant des améliorations originales aux approches existantes

3. *Démontrez votre compréhension des limites*

Montrez que vous comprenez les nuances de l'IA en :

- Discutant des limites de vos modèles et de leurs potentielles améliorations
- Abordant les considérations éthiques et les biais potentiels
- Proposant des pistes pour rendre vos solutions plus robustes et fiables

4. *Illustrez votre capacité à collaborer*

Même pour des projets personnels, vous pouvez montrer vos compétences en collaboration :

- Contribuez à des projets open source liés à l'IA
- Participez à des hackathons ou des compétitions d'IA en équipe
- Sollicitez et intégrez les retours de la communauté sur vos projets

5. *Montrez votre progression*

Votre portfolio devrait refléter votre croissance en tant que professionnel de l'IA :

- Incluez des projets de différents niveaux de complexité
- Mettez en évidence comment vos compétences et votre compréhension ont évolué au fil du temps
- Discutez de vos objectifs d'apprentissage futurs et des domaines que vous souhaitez explorer

6. *Rendez votre portfolio accessible et attrayant*

Présentez vos projets de manière professionnelle et engageante :

- Créez un site web personnel pour héberger votre portfolio
- Utilisez des visualisations claires et des démonstrations interactives
- Assurez-vous que votre portfolio est facilement navigable et responsive

7. *Maintenez et mettez à jour régulièrement votre portfolio*

Le domaine de l'IA évolue rapidement. Montrez que vous restez à jour :

- Révisez et améliorez régulièrement vos projets existants
- Ajoutez de nouveaux projets qui reflètent les dernières avancées en IA
- Commentez les tendances actuelles de l'IA et leur impact potentiel sur vos projets

En développant un portfolio solide de projets personnels basés sur l'IA, vous démontrez non seulement vos compétences techniques, mais aussi votre passion pour le domaine et votre capacité à appliquer l'IA pour

résoudre des problèmes concrets. Ces projets serviront de preuves tangibles de vos capacités et vous distingueront dans un marché du travail compétitif, ouvrant la voie à des opportunités passionnantes dans le domaine de l'intelligence artificielle.

Mesurer et communiquer l'impact de l'IA sur votre productivité et vos compétences

L'intégration de l'IA dans votre travail peut avoir un impact significatif sur votre productivité et vos compétences. Il est crucial de mesurer et de communiquer efficacement cet impact pour démontrer la valeur de l'IA et justifier son adoption continue. **Voici comment procéder** :

Définir des métriques pertinentes

Pour mesurer l'impact de l'IA, commencez par définir des métriques clés adaptées à votre contexte professionnel :

1. *Productivité générale :*
   - Taux de réalisation des tâches
   - Temps économisé par tâche
   - Nombre de tâches accomplies par jour/semaine
2. *Qualité du travail :*
   - Taux d'erreur
   - Satisfaction client/utilisateur
   - Conformité aux normes et réglementations
3. *Efficacité des processus :*
   - Temps de réponse
   - Taux d'automatisation des tâches
   - Réduction des coûts opérationnels
4. *Développement des compétences :*

- Nouvelles compétences acquises
- Amélioration des compétences existantes
- Temps consacré à l'apprentissage et à la formation

Établir une base de référence

Avant d'implémenter l'IA, mesurez vos performances actuelles sur ces métriques. Cela vous permettra de quantifier précisément l'impact de l'IA une fois mise en place.

Utiliser des outils de mesure appropriés

Exploitez des outils d'analyse et de suivi pour collecter des données précises :

- Logiciels de gestion de projet pour suivre les tâches et le temps
- Outils d'analyse de la productivité intégrés aux plateformes d'IA
- Enquêtes de satisfaction auprès des clients et des employés
- Systèmes de suivi des erreurs et des incidents

Mesurer l'impact à court et long terme

Effectuez des mesures régulières pour suivre l'évolution de vos performances :

- À court terme (1-3 mois) : Identifiez les gains rapides et les ajustements nécessaires.
- À moyen terme (3-6 mois) : Évaluez l'adoption et l'intégration de l'IA dans les processus.
- À long terme (6-12 mois et au-delà) : Mesurez l'impact durable sur la productivité et les compétences.

Analyser les données de manière contextuelle

Interprétez les résultats en tenant compte du contexte spécifique de votre travail et de votre industrie. Par exemple, une amélioration de 20% de la productivité peut être significative dans certains domaines, mais modeste dans d'autres.

Quantifier les gains de productivité

Utilisez des méthodes rigoureuses pour quantifier les améliorations :

- Comparez les performances avant et après l'adoption de l'IA
- Utilisez des groupes de contrôle si possible
- Calculez le retour sur investissement (ROI) en tenant compte des coûts d'implémentation et de formation

Selon une étude récente, les entreprises qui ont adopté l'IA ont constaté une augmentation moyenne de la productivité de 20 à 35% dans certaines tâches.

Évaluer l'impact sur les compétences

Mesurez l'évolution de vos compétences :

- Réalisez des auto-évaluations régulières
- Utilisez des tests de compétences standardisés
- Sollicitez des évaluations par les pairs et les supérieurs

Notez les nouvelles compétences acquises, telles que la capacité à travailler avec des systèmes d'IA, l'analyse de données avancée ou la résolution de problèmes complexes.

Communiquer efficacement les résultats

Pour démontrer la valeur de l'IA, communiquez vos résultats de manière claire et convaincante :

1. *Utilisez des visualisations de données :*
   - Graphiques montrant l'évolution de la productivité
   - Diagrammes comparant les performances avant/après
   - Infographies résumant les principaux gains
2. *Racontez des histoires concrètes :*
   - Partagez des exemples spécifiques de tâches améliorées grâce à l'IA
   - Mettez en avant des témoignages de collègues ou de clients satisfaits
3. *Présentez des chiffres clés :*
   - Pourcentage d'augmentation de la productivité
   - Temps économisé par semaine/mois
   - Réduction des coûts ou augmentation des revenus attribuables à l'IA
4. *Contextualisez les résultats :*
   - Comparez vos gains à ceux de votre industrie
   - Expliquez comment ces améliorations contribuent aux objectifs de l'entreprise
5. *Soyez transparent sur les défis :*
   - Reconnaissez les obstacles rencontrés et comment ils ont été surmontés
   - Discutez des domaines nécessitant encore des améliorations

Impliquer les parties prenantes

Engagez vos collègues, supérieurs et autres parties prenantes dans le processus de mesure et de communication :

- Sollicitez leur feedback sur l'impact de l'IA
- Invitez-les à partager leurs propres expériences et observations
- Collaborez pour identifier de nouvelles opportunités d'utilisation de l'IA

Utiliser des benchmarks externes

Comparez vos résultats à des benchmarks externes pour donner du contexte :

- Recherchez des études de cas d'entreprises similaires ayant adopté l'IA
- Consultez des rapports d'analystes sur les tendances de productivité dans votre secteur
- Participez à des groupes d'utilisateurs ou des forums professionnels pour échanger sur les meilleures pratiques

Mettre en évidence l'impact sur la satisfaction au travail

Au-delà des métriques purement quantitatives, évaluez et communiquez l'impact de l'IA sur la satisfaction au travail :

- Réalisez des enquêtes de satisfaction des employés avant et après l'adoption de l'IA
- Mesurez le niveau d'engagement et de motivation
- Évaluez la réduction du stress lié aux tâches répétitives ou complexes

Des études ont montré que l'utilisation efficace de l'IA peut augmenter la satisfaction des employés de 22%[6].

Anticiper et adresser les préoccupations

Soyez proactif dans l'identification et la résolution des préoccupations liées à l'utilisation de l'IA :

- Discutez ouvertement des craintes concernant le remplacement des emplois
- Mettez en avant comment l'IA augmente les capacités humaines plutôt que de les remplacer

- Proposez des formations continues pour aider les employés à s'adapter

Établir un processus d'amélioration continue

Utilisez les données collectées pour alimenter un cycle d'amélioration continue :

- Identifiez les domaines où l'IA a le plus d'impact positif
- Repérez les opportunités d'étendre l'utilisation de l'IA à d'autres tâches ou processus
- Ajustez vos stratégies d'implémentation en fonction des retours et des résultats

Conclusion

Mesurer et communiquer efficacement l'impact de l'IA sur votre productivité et vos compétences est essentiel pour justifier son adoption et maximiser ses bénéfices. **En utilisant une approche systématique et en impliquant toutes les parties prenantes, vous pouvez démontrer clairement la valeur ajoutée de l'IA dans votre travail quotidien.**

N'oubliez pas que l'adoption de l'IA est un processus continu. Restez ouvert aux nouvelles possibilités, continuez à apprendre et à vous adapter, et utilisez les données pour guider vos décisions futures. Avec une approche réfléchie et proactive, l'IA peut devenir un puissant allié dans votre développement professionnel et votre productivité.

Conclusion de ce chapitre

L'intégration de l'IA dans votre parcours professionnel offre un potentiel immense pour créer de la valeur, stimuler votre productivité et enrichir vos compétences. Ce chapitre a mis en lumière **les étapes clés** pour tirer pleinement parti de cette technologie transformatrice.

Identifier les opportunités d'utilisation de l'IA dans votre domaine est la première étape cruciale. En analysant votre secteur, vos tâches quotidiennes et les tendances émergentes, vous pouvez découvrir des moyens innovants d'intégrer l'IA pour optimiser votre travail et ouvrir de nouvelles perspectives de carrière.

Développer des projets personnels basés sur l'IA est un excellent moyen de démontrer votre expertise et votre créativité. Ces projets, qu'ils soient des chatbots, des systèmes de recommandation ou des outils d'analyse prédictive, enrichissent votre portfolio et vous démarquent sur un marché du travail compétitif.

Enfin, **mesurer et communiquer efficacement l'impact de l'IA sur votre productivité et vos compétences** est essentiel pour justifier son adoption et démontrer sa valeur ajoutée. En utilisant des métriques pertinentes, des visualisations claires et des exemples concrets, vous pouvez convaincre les parties prenantes de l'importance de l'IA dans votre développement professionnel.

L'IA n'est pas seulement un outil à utiliser, mais une compétence à développer et une opportunité à saisir. En adoptant une approche proactive et stratégique, vous pouvez faire de l'IA un véritable catalyseur de votre croissance professionnelle. **Restez curieux, continuez à apprendre et à expérimenter, et n'hésitez pas à repousser les limites de ce qui est possible avec l'IA dans votre domaine.**

En embrassant pleinement le potentiel de l'IA, vous vous positionnez non seulement comme un professionnel compétent et innovant, mais aussi comme un acteur clé dans la transformation numérique de votre industrie.

Chapitre 6 : Rester à la pointe de l'innovation en IA

Dans un domaine aussi dynamique que l'intelligence artificielle, rester à jour est crucial pour maintenir sa compétitivité et saisir les nouvelles opportunités. Ce chapitre explore les **stratégies et les outils essentiels pour rester à la pointe de l'innovation en IA.**

Nous commencerons par examiner **les outils de veille technologique les plus efficaces** pour suivre les avancées en IA. Des plateformes comme Feedly, Netvibes et Flipboard permettent de centraliser et d'analyser rapidement les flux d'information pertinents. Nous verrons comment utiliser ces outils pour créer un système de veille personnalisé et efficace.

Ensuite, nous aborderons l'importance de **participer activement à la communauté IA.** Les forums en ligne, les meetups et les hackathons offrent des opportunités uniques pour échanger avec des pairs, apprendre des experts et mettre en pratique ses connaissances. Nous explorerons comment tirer le meilleur parti de ces interactions pour enrichir votre réseau professionnel et stimuler votre créativité.

Enfin, nous nous pencherons sur les **stratégies pour expérimenter rapidement avec les nouveaux modèles d'IA**. L'évolution rapide des technologies comme ChatGPT, Claude ou Mistral nécessite une approche agile et proactive. Nous verrons comment mettre en place un processus d'expérimentation efficace pour tester et intégrer rapidement ces nouvelles technologies dans votre travail.

Ce chapitre vous donnera les outils et les méthodes pour rester à l'avant-garde de l'IA, vous permettant ainsi de vous démarquer dans un domaine en constante évolution.

Outils de veille technologique pour suivre les avancées en IA

Dans le domaine en constante évolution de l'intelligence artificielle, rester informé des dernières avancées est crucial pour maintenir son expertise et sa compétitivité. Voici un **aperçu des outils de veille technologique les plus efficaces pour suivre les développements en IA en 2025** :

1. Plateformes d'agrégation de contenu

Feedly reste l'une des solutions de veille les plus populaires, particulièrement appréciée des développeurs et professionnels de l'IA. Elle permet de centraliser et d'organiser facilement les flux RSS de différentes sources pertinentes.

Netvibes se distingue par sa capacité à générer quotidiennement un résumé de l'actualité spécifique à votre domaine d'activité en IA. Cet outil français analyse également les principales tendances, offrant ainsi une vue d'ensemble précieuse du secteur.

Flipboard propose une expérience utilisateur soignée, présentant la veille sous forme de magazine personnalisé. Entièrement gratuit, il s'avère particulièrement pratique pour suivre l'actualité de l'IA de manière intuitive.

2. Outils d'automatisation de la veille

Make.com (anciennement Integromat) se révèle excellent pour démarrer l'automatisation de sa veille en IA. Son interface intuitive "drag-and-drop" facilite la mise en place de workflows de collecte et de traitement de l'information.

Zapier offre une plateforme plus complète pour des automatisations plus complexes, permettant d'interconnecter de nombreuses sources et outils pour une veille IA approfondie.

Pour les utilisations avancées ou professionnelles, *n8n* propose une plateforme d'automatisation open source très personnalisable, idéale pour les équipes techniques souhaitant un contrôle total sur leur processus de veille.

3. Assistants IA pour l'analyse et la synthèse

L'API de Mistral AI, un laboratoire français, permet d'intégrer des capacités d'analyse et de synthèse puissantes dans votre processus de veille. Particulièrement adaptée pour traiter l'information en français, elle offre une alternative intéressante aux géants américains.

ChatGPT (via l'API d'OpenAI) reste incontournable pour sa performance et son rapport qualité-prix. Il peut être utilisé pour résumer des articles, identifier les tendances clés ou générer des rapports de veille personnalisés.

Claude (via Anthropic) excelle dans la rédaction de synthèses avec un style plus naturel, ce qui peut être précieux pour produire des rapports de veille fluides et engageants.

4. Outils spécialisés en veille IA

Cikisi se positionne comme le moteur de recherche professionnel le plus avancé du marché. Il permet de suivre aisément les thématiques liées à l'IA et d'interroger vos sources avec des filtres puissants ou en langage naturel, facilitant une exploration approfondie des avancées en IA.

Opscidia offre une solution de veille technologique et scientifique unique, particulièrement pertinente pour l'IA. Ses algorithmes de Machine Learning, entraînés sur une base de données de 180 millions d'articles scientifiques, permettent d'extraire les informations les plus pertinentes et de découvrir les tendances émergentes en temps réel.

5. Outils d'analyse visuelle et prédictive

Des technologies comme HeyGen permettent de créer des clones virtuels pour des interactions multilingues, facilitant la compréhension et la diffusion des avancées en IA à l'échelle internationale.

Les outils d'analyse prédictive, intégrés dans de nombreuses plateformes de veille, peuvent traiter une vaste gamme de données pour prédire les évolutions du marché de l'IA, offrant ainsi des insights précieux pour la prise de décision stratégique.

6. Outils de classification et d'analyse de texte

Les technologies de traitement du langage naturel (NLP) sont essentielles pour extraire et catégoriser les informations pertinentes à partir de grandes quantités de textes non structurés. Ces outils transforment les données brutes en informations structurées et exploitables, facilitant l'identification des tendances émergentes en IA.

7. Plateformes de veille intégrées

Meltwater propose une solution complète qui automatise la collecte, la surveillance et le partage de l'information. Particulièrement utile pour une veille à 360° sur l'écosystème de l'IA, incluant les actualités, les réseaux sociaux et les publications scientifiques.

Digimind se distingue par ses technologies avancées d'IA pour le social listening et la veille. Ses capacités en NLP et en intelligence artificielle en font un outil puissant pour suivre les conversations et les tendances autour de l'IA sur les réseaux sociaux et le web.

Stratégies pour une veille IA efficace

1. *Définissez clairement vos objectifs de veille* : Identifiez les aspects spécifiques de l'IA qui sont les plus pertinents pour votre travail ou votre organisation.
2. *Diversifiez vos sources* : Combinez des sources académiques, des blogs techniques, des brevets, des actualités de l'industrie et des discussions sur les réseaux sociaux pour obtenir une vue d'ensemble complète.
3. *Automatisez autant que possible* : Utilisez des outils comme Make.com ou Zapier pour automatiser la collecte et le tri initial de l'information, vous permettant de vous concentrer sur l'analyse et la synthèse.
4. *Utilisez l'IA pour analyser l'IA* : Exploitez des assistants IA comme ChatGPT ou Claude pour résumer et extraire les insights clés des informations collectées.
5. *Créez des tableaux de bord personnalisés* : Utilisez des outils comme Netvibes ou Cikisi pour centraliser toutes vos sources de veille et obtenir une vue d'ensemble rapide des dernières avancées.
6. *Participez à la communauté* : Suivez et interagissez avec des experts et des institutions de référence en IA sur les réseaux sociaux et les forums spécialisés.
7. *Mettez en place un système de notation et de priorisation* : Tous les développements en IA ne sont pas égaux en importance. Établissez un système pour évaluer rapidement la pertinence et l'impact potentiel des nouvelles informations.

8. *Planifiez des sessions de synthèse régulières* : Réservez du temps chaque semaine ou chaque mois pour analyser en profondeur les informations collectées et identifier les tendances émergentes.

9. *Partagez vos insights* : Mettez en place un système pour partager régulièrement vos découvertes avec vos collègues ou votre réseau, que ce soit sous forme de newsletter, de présentations ou de rapports de synthèse.

10. *Restez flexible* : Le domaine de l'IA évolue rapidement. Soyez prêt à ajuster votre stratégie de veille et vos outils en fonction des nouveaux développements et des changements dans votre domaine d'intérêt.

En conclusion, **une veille technologique efficace en IA nécessite une combinaison judicieuse d'outils automatisés et d'analyse humaine.** Les plateformes d'agrégation de contenu comme Feedly et Netvibes fournissent une base solide, tandis que les outils d'automatisation comme Make.com et Zapier permettent d'optimiser le processus de collecte. Les assistants IA comme Mistral AI et ChatGPT ajoutent une couche d'analyse intelligente, tandis que des solutions spécialisées comme Cikisi et Opscidia offrent des insights précieux spécifiques au domaine de l'IA. En utilisant ces outils de manière stratégique et en adoptant une approche systématique, les professionnels de l'IA peuvent rester à la pointe des dernières avancées et innovations dans leur domaine.

Participer à la communauté IA (forums, meetups, hackathons)

L'intelligence artificielle est un domaine en constante évolution, et participer activement à la communauté IA est essentiel pour rester à la pointe de l'innovation. Voici comment **vous pouvez vous impliquer efficacement dans la communauté IA en 2025** :

Forums et communautés en ligne

Les forums en ligne restent des lieux privilégiés pour échanger avec d'autres professionnels et passionnés d'IA. Voici quelques plateformes incontournables :

GitHub

GitHub demeure une plateforme centrale pour les développeurs IA. Vous pouvez y trouver de nombreux projets open-source liés à l'IA, collaborer sur du code, et participer à des discussions techniques. C'est un excellent moyen de montrer votre expertise et de contribuer à des projets innovants.

Reddit

Les subreddits dédiés à l'IA, comme r/MachineLearning et r/ArtificialIntelligence, sont très actifs. Vous y trouverez des discussions allant des sujets débutants aux recherches les plus avancées. C'est un bon endroit pour poser des questions, partager vos connaissances et rester informé des dernières tendances.

Stack Overflow

Pour les questions techniques spécifiques, Stack Overflow reste une ressource précieuse. Les tags liés à l'IA et au machine learning sont particulièrement utiles pour résoudre des problèmes concrets et partager votre expertise.

LinkedIn

Les groupes LinkedIn dédiés à l'IA offrent des opportunités de networking professionnel. Rejoignez des groupes pertinents pour votre domaine d'expertise, participez aux discussions et partagez du contenu pour vous faire remarquer par vos pairs et de potentiels employeurs.

Meetups et conférences

Les rencontres en personne offrent une valeur unique que les interactions en ligne ne peuvent pas remplacer. Voici comment en tirer le meilleur parti :

Meetups locaux

Recherchez des meetups IA dans votre région. Ces événements sont excellents pour :

- Rencontrer des professionnels locaux partageant vos intérêts
- Assister à des présentations sur les dernières avancées et applications de l'IA
- Partager vos propres expériences et connaissances

En 2025, de nombreux meetups combinent présence physique et participation virtuelle, offrant plus de flexibilité.

Conférences majeures

Les grandes conférences IA sont des événements incontournables pour se tenir au courant des dernières avancées et rencontrer les leaders du domaine. Quelques conférences notables en 2025 :

- AAAI-25 (25 février - 4 mars 2025, Philadelphie) : Cette conférence majeure couvre un large éventail de sujets en IA, avec des présentations techniques, des ateliers et des opportunités de networking.
- NeurIPS 2025 : Bien que les dates exactes ne soient pas encore annoncées, cette conférence est généralement organisée en décembre et est reconnue pour ses présentations de recherches de pointe en apprentissage automatique et en neurosciences computationnelles.
- AI Summit (6-8 mai 2025, Palm Beach) : Axée sur les applications pratiques de l'IA dans l'industrie, cette conférence est particulièrement pertinente pour les professionnels cherchant à comprendre l'impact de l'IA sur leur secteur.

Conseils pour tirer le meilleur parti des conférences :

- Planifiez votre agenda à l'avance pour assister aux sessions les plus pertinentes pour vous
- Participez activement aux sessions de questions-réponses
- Profitez des pauses et des événements sociaux pour networker
- Suivez les hashtags de la conférence sur les réseaux sociaux pour rester connecté à la communauté

Hackathons

Les hackathons sont d'excellentes opportunités pour mettre en pratique vos compétences, collaborer avec d'autres passionnés et potentiellement créer quelque chose d'innovant. Voici quelques hackathons IA notables en 2025 :

AI for Good Hackathon (15-17 mars 2025, San Francisco)

Ce hackathon se concentre sur l'utilisation de l'IA pour résoudre des défis mondiaux dans des domaines tels que le changement climatique, la santé et l'éducation. C'est une excellente occasion de travailler sur des projets à fort impact social.

Global AI Challenge (10-12 juin 2025, Virtuel)

Ce hackathon virtuel de 48 heures rassemble des développeurs du monde entier pour relever des défis réels en utilisant l'IA. Les prix incluent des récompenses en espèces et des opportunités de mentorat avec des entreprises leaders en IA.

Hack AI 2025 (20-22 septembre 2025, New York)

Conçu pour les développeurs de tous niveaux, cet événement offre l'accès à des API et des jeux de données de diverses entreprises technologiques. Il culmine avec une journée de démonstration où les équipes présentent leurs projets à un panel de juges.

AAAI 2025 Hackathon (17-24 février 2025, Virtuel)

Ce hackathon virtuel d'une semaine, organisé dans le cadre de la conférence AAAI, se concentre sur l'innovation en IA. Il offre une opportunité unique de collaborer avec des chercheurs de haut niveau et de présenter votre travail lors de la réception d'ouverture de AAAI-25.

Conseils pour réussir dans les hackathons :

- Formez une équipe diversifiée avec des compétences complémentaires
- Choisissez un projet réaliste mais innovant
- Concentrez-vous sur un prototype fonctionnel plutôt que sur un produit parfait
- Préparez une présentation convaincante de votre projet

Stratégies pour une participation efficace à la communauté IA

1. *Soyez constant* : Participez régulièrement aux discussions en ligne, assistez à des événements et contribuez à des projets pour établir votre présence dans la communauté.
2. *Partagez vos connaissances* : N'hésitez pas à partager votre expertise, que ce soit en répondant à des questions sur les forums, en écrivant des articles de blog ou en donnant des présentations lors de meetups.
3. *Restez ouvert d'esprit* : L'IA évolue rapidement, soyez prêt à apprendre de nouvelles choses et à remettre en question vos hypothèses.
4. *Construisez des relations* : Ne vous contentez pas d'interactions superficielles. Cherchez à établir des connexions durables avec d'autres professionnels de l'IA.
5. *Contribuez à des projets open-source* : C'est un excellent moyen de montrer vos compétences, d'apprendre des autres et de donner en retour à la communauté.
6. *Équilibrez en ligne et hors ligne* : Bien que les ressources en ligne soient précieuses, ne sous-estimez pas la valeur des interactions en personne lors de meetups et de conférences.
7. *Soyez éthique* : Gardez toujours à l'esprit les implications éthiques de l'IA et participez aux discussions sur le développement responsable de l'IA.

En conclusion, **participer activement à la communauté IA est essentiel pour rester à jour, développer vos compétences et créer des opportunités professionnelles.** Que ce soit en ligne via des forums et des projets open-source, ou en personne lors de meetups, conférences et hackathons, chaque interaction est une occasion d'apprendre, de partager et de contribuer à l'avancement de l'IA. En vous impliquant de manière constante et authentique, vous ne vous contenterez pas de suivre l'évolution de l'IA, vous participerez activement à son façonnement.

Stratégies pour expérimenter rapidement avec les nouveaux modèles d'IA

Dans le monde en constante évolution de l'intelligence artificielle (IA), il est crucial de pouvoir tester rapidement les nouvelles technologies pour rester compétitif et innovant. Voici des stratégies simples et efficaces pour expérimenter avec les derniers modèles d'IA, même si vous n'êtes pas un expert :

1. Adoptez une approche d'expérimentation continue

Imaginez que vous essayez constamment de nouvelles recettes dans votre cuisine. C'est un peu la même chose avec l'IA. L'idée est de tester régulièrement de nouvelles choses pour voir ce qui fonctionne le mieux. Voici comment faire :

- Fixez-vous un calendrier : par exemple, essayez quelque chose de nouveau chaque semaine ou tous les 15 jours.
- Définissez clairement ce que vous voulez accomplir à chaque essai.
- Analysez rapidement les résultats et ajustez votre approche en conséquence.

Cette méthode vous permet de progresser rapidement et de vous adapter aux changements du marché.

2. Utilisez des outils spécialisés pour gérer vos expériences

Il existe des outils conçus spécialement pour vous aider à organiser vos essais en IA. C'est un peu comme avoir un assistant personnel pour vos expériences. Ces outils vous permettent de :

- Garder une trace de tout ce que vous avez essayé
- Comparer facilement les résultats de différentes expériences
- Travailler plus efficacement en équipe

L'utilisation de ces outils rend le processus plus simple et plus organisé, même si vous débutez dans le domaine.

3. Mettez en place une infrastructure flexible

Pensez à l'infrastructure comme à votre atelier de travail. Vous voulez un espace qui s'adapte facilement à différents projets. Dans le monde de l'IA, cela signifie utiliser des technologies cloud qui vous permettent de :

- Démarrer rapidement de nouvelles expériences
- Augmenter ou réduire facilement les ressources utilisées selon vos besoins
- Travailler sur plusieurs projets en même temps sans vous encombrer

Cette flexibilité vous fait gagner du temps et de l'argent, tout en vous permettant d'être plus créatif dans vos essais.

4. Préparez efficacement vos données

Les données sont la matière première de l'IA. Pour travailler efficacement, vous devez organiser vos données de manière intelligente. Voici quelques astuces :

- Automatisez la collecte et le nettoyage des données autant que possible
- Gardez une trace des différentes versions de vos données
- Mettez en place des contrôles pour vous assurer que vos données sont de bonne qualité

Une bonne organisation des données vous fait gagner beaucoup de temps et améliore la qualité de vos expériences.

5. Utilisez l'apprentissage par transfert

L'apprentissage par transfert, c'est comme apprendre une nouvelle langue en s'appuyant sur une langue que vous connaissez déjà. Dans le monde de l'IA, cela signifie utiliser des modèles déjà entraînés pour démarrer plus rapidement sur de nouvelles tâches. Cette approche vous permet de :

- Gagner du temps et des ressources
- Obtenir de bons résultats même avec peu de données
- Vous adapter plus facilement à de nouveaux domaines

C'est particulièrement utile si vous avez des ressources limitées ou si vous voulez explorer rapidement de nouvelles idées.

6. Mettez en place des tests A/B

Les tests A/B sont comme des dégustations à l'aveugle pour vos modèles d'IA. Vous comparez différentes versions dans des conditions réelles pour voir laquelle fonctionne le mieux. Pour réussir vos tests A/B :

- Définissez clairement ce que vous voulez mesurer
- Assurez-vous de tester sur un échantillon suffisamment grand

- Utilisez des outils pour contrôler qui voit quelle version de votre modèle

Cette méthode vous aide à prendre des décisions basées sur des preuves concrètes plutôt que sur des suppositions.

7. Optimisez votre processus d'évaluation

Pour avancer rapidement, vous devez pouvoir évaluer vos résultats efficacement. Voici comment faire :

- Automatisez autant que possible le processus d'évaluation
- Choisissez des mesures faciles à comprendre et pertinentes pour votre objectif
- Définissez des seuils clairs pour décider si une expérience est réussie ou non

Un bon processus d'évaluation vous permet de prendre des décisions rapides et éclairées sur la direction à prendre.

8. Créez une culture d'expérimentation

L'environnement dans lequel vous travaillez est aussi important que les outils que vous utilisez. Encouragez une culture où :

- Les gens n'ont pas peur d'essayer de nouvelles choses
- Les échecs sont vus comme des opportunités d'apprentissage
- Les retours d'expérience sont rapides et constructifs

Cette approche crée un environnement dynamique où l'innovation peut vraiment s'épanouir.

9. Utilisez des techniques d'optimisation automatique

Imaginez avoir un assistant qui teste constamment différentes configurations pour trouver la meilleure. C'est ce que font les techniques d'optimisation automatique. Elles vous aident à :

- Explorer efficacement différentes options
- Trouver rapidement les configurations les plus prometteuses
- Économiser du temps et des ressources dans le processus d'optimisation

Ces techniques peuvent grandement accélérer votre processus d'expérimentation, même si vous n'êtes pas un expert en IA.

10.   Concentrez-vous   sur   la compréhension de vos modèles

Il est important de comprendre comment vos modèles d'IA prennent leurs décisions. C'est un peu comme comprendre le raisonnement derrière les choix d'un collègue. Pour y parvenir :

- Utilisez des techniques de visualisation pour "voir" comment votre modèle fonctionne
- Explorez des méthodes qui expliquent les décisions de votre modèle en termes simples
- Choisissez, quand c'est possible, des modèles qui sont naturellement plus faciles à comprendre

Cette approche vous aide à identifier rapidement les problèmes et à communiquer plus efficacement sur vos résultats.

En conclusion, expérimenter rapidement avec de nouveaux modèles d'IA ne nécessite pas d'être un expert en technologie. En adoptant ces stratégies simples, vous pouvez accélérer significativement votre processus d'innovation en IA. **La clé du succès réside dans votre capacité à**

apprendre rapidement de chaque expérience et à vous adapter continuellement. Avec de la pratique et de la persévérance, vous serez bientôt capable de naviguer dans le monde passionnant de l'IA avec confiance et créativité.

Conclusion de ce chapitre

Rester à la pointe de l'innovation en IA est un défi constant qui requiert une approche multidimensionnelle et proactive. Ce chapitre a mis en lumière les **stratégies clés** pour maintenir votre expertise et votre compétitivité dans ce domaine en rapide évolution.

La veille technologique, facilitée par des outils avancés d'agrégation de contenu et d'analyse IA, est essentielle pour suivre les dernières avancées. Des plateformes comme Feedly, Netvibes, et des assistants IA comme Mistral AI ou ChatGPT permettent de filtrer efficacement l'information pertinente et d'en extraire des insights précieux.

La participation active à la communauté IA, que ce soit à travers des forums en ligne, des meetups locaux, des conférences internationales ou des hackathons, offre des opportunités inestimables de networking, d'apprentissage et de collaboration. Ces interactions enrichissent votre compréhension des enjeux actuels et futurs de l'IA, tout en vous permettant de contribuer à son développement.

Enfin, **l'expérimentation rapide** avec de nouveaux modèles d'IA est cruciale pour rester compétitif. L'adoption d'une culture d'expérimentation continue, soutenue par des infrastructures cloud flexibles et des pipelines de données efficaces, permet de tester et d'intégrer rapidement les innovations dans votre travail.

Rester à la pointe de l'IA n'est pas une destination, mais un voyage continu. C'est un engagement à apprendre, à s'adapter et à innover sans cesse. En embrassant cette mentalité et en utilisant les stratégies présentées dans ce chapitre, vous serez bien équipé pour naviguer dans le paysage en constante évolution de l'IA et pour saisir les opportunités qu'il offre.

Conclusion Générale

L'intelligence artificielle (IA) transforme rapidement notre monde professionnel, offrant des opportunités sans précédent pour innover, optimiser et redéfinir nos métiers. **Ce guide a exploré les multiples facettes de l'IA dans le contexte professionnel, fournissant des stratégies concrètes pour tirer parti de cette technologie révolutionnaire.**

Nous avons vu comment l'IA peut être intégrée dans divers domaines professionnels, de la prise de décision à l'automatisation des tâches répétitives. **L'IA n'est pas là pour remplacer l'humain, mais pour augmenter nos capacités, nous permettant de nous concentrer sur des tâches à plus forte valeur ajoutée.**

L'adaptation à l'ère de l'IA nécessite une approche proactive. **Il est crucial de développer continuellement ses compétences, de rester informé des dernières avancées et d'être prêt à expérimenter avec de nouveaux outils et modèles.** La clé du succès réside dans la capacité à apprendre rapidement, à itérer et à s'adapter aux changements constants.

Nous avons également souligné l'importance de l'expérimentation rapide et de l'adoption d'une culture d'innovation. Les professionnels et les organisations qui réussiront dans l'ère de l'IA seront ceux qui sauront combiner agilité, créativité et rigueur scientifique dans leur approche de l'IA.

Il est important de noter que l'adoption de l'IA soulève des questions éthiques et sociétales importantes. En tant que professionnels, nous avons la responsabilité de veiller à ce que l'IA soit développée et utilisée de manière responsable, en tenant compte de son impact sur la société et l'environnement.

En conclusion, l'IA offre un potentiel immense pour transformer positivement nos carrières et nos industries. En embrassant cette technologie avec ouverture d'esprit, en développant les compétences nécessaires et en adoptant une approche éthique et réfléchie, nous pouvons non seulement nous adapter à l'ère de l'IA, mais aussi contribuer activement à façonner un avenir professionnel plus innovant, efficace et épanouissant.

L'aventure de l'IA ne fait que commencer. **Soyez curieux, restez agile et n'ayez pas peur d'expérimenter. L'avenir appartient à ceux qui sauront naviguer avec confiance dans ce nouveau paysage technologique, en tirant parti de l'IA pour créer de la valeur, résoudre des problèmes complexes et ouvrir de nouvelles perspectives professionnelles.**

LISTE DES GUIDES DE CETTE COLLECTION DISPONIBLE SUR AMAZON

DÉJÀ PARU SUR AMAZON

Découvrir et maîtriser l'IA (l'intelligence artificielle)
Guide des outils IA pour débutants Guide N°1

L'IA dans les entreprises
Le guide des solutions concrètes et abordables pour les PME
Guide N°2

Réinventez votre carrière avec l'IA
Le guide des nouvelles opportunités professionnelles
Guide N°3

BIENTÔT DISPONIBLES SUR AMAZON

Travaillez moins, réussissez mieux avec l'IA
Le guide des secrets d'une productivité augmentée

Libérez votre créativité avec l'IA
Le guide essentiel des nouveaux outils créatifs

Réinventez l'apprentissage avec l'IA
Guide pratique pour parents et enseignants

Boostez vos ventes avec l'IA
Les nouvelles stratégies marketing qui cartonnent

Prenez soin de vous avec l'IA
Le guide de votre coach santé personnel

Protégez-vous à l'ère numérique de l'IA
Guide essentiel de cybersécurité pour tous

L'IA responsable
Guide pour une utilisation éthique et durable

Voyagez intelligemment avec l'IA
Guide pour optimiser vos trajets quotidiens grâce aux technologies intelligentes

L'IA dans la finance
Guide pour optimiser vos finances personnelles avec des outils intelligents

Chère lectrice, Cher lecteur,

Merci de m'avoir fait confiance et d'avoir acheté ce livre.

(Si vous avez d'éventuelles réclamations, avant de mettre votre avis sur Amazon, envoyez-moi un mail ici : autoedition7@gmail.com, je vous répondrai avec plaisir.)

Réviser et publier ce livre a été une aventure intense, remplie de doutes, de nuits blanches et d'émotions. Mais le voir entre vos mains est une immense récompense. Vos retours sur Amazon sont essentiels pour faire découvrir mon travail à d'autres lecteurs et pour m'encourager à poursuivre cette aventure. Sachez que je prends le temps de lire chaque commentaire avec soin et reconnaissance. Alors, si vous avez apprécié votre lecture, prenez un moment pour partager vos impressions. Cliquez simplement maintenant sur ce lien

https://www.amazon.fr/review/create-review?&asin=B0DY5F5FW4

OU scannez ce QR Code

Cela compte énormément pour moi. Merci infiniment pour votre soutien !

RETROUVEZ NOS AUTRES OUVRAGES DANS NOTRE BIBLIOTHÈQUE

Cliquez simplement sur ce lien :
https://livresenclic.com

ou scannez ce QRCODE

À PROPOS DE L'AUTEUR

Grand dévoreur de livres depuis ma plus tendre enfance, et guidé par des tantes et marraines professeures d'histoire et de littérature, j'ai voulu mettre à profit ma retraite et mes connaissances pour écrire ce guide, destiné à aider les personnes à découvrir et adopter l'intelligence artificielle dans leur vie quotidienne, pour ne pas rester au bord de la route de cette révolution.

Ma compagne Michèle, co-inspiratrice de ce livre, m'a également accompagné et soutenu tout au long de cette rédaction.